Impressum

Verlag: BABADADA GmbH, Nedderfeld 112 , 22529 Hamburg

Geschäftsführer / Verlagsleitung: Harald Hof

Druck: Books on Demand GmbH, In de Tarpen 42, 22848 Norderstedt

Imprint

Publisher: BABADADA GmbH, Nedderfeld 112 , 22529 Hamburg, Germany

Managing Director / Publishing direction: Harald Hof

Print: Books on Demand GmbH, In de Tarpen 42, 22848 Norderstedt

σχολείο
قوتابخانە

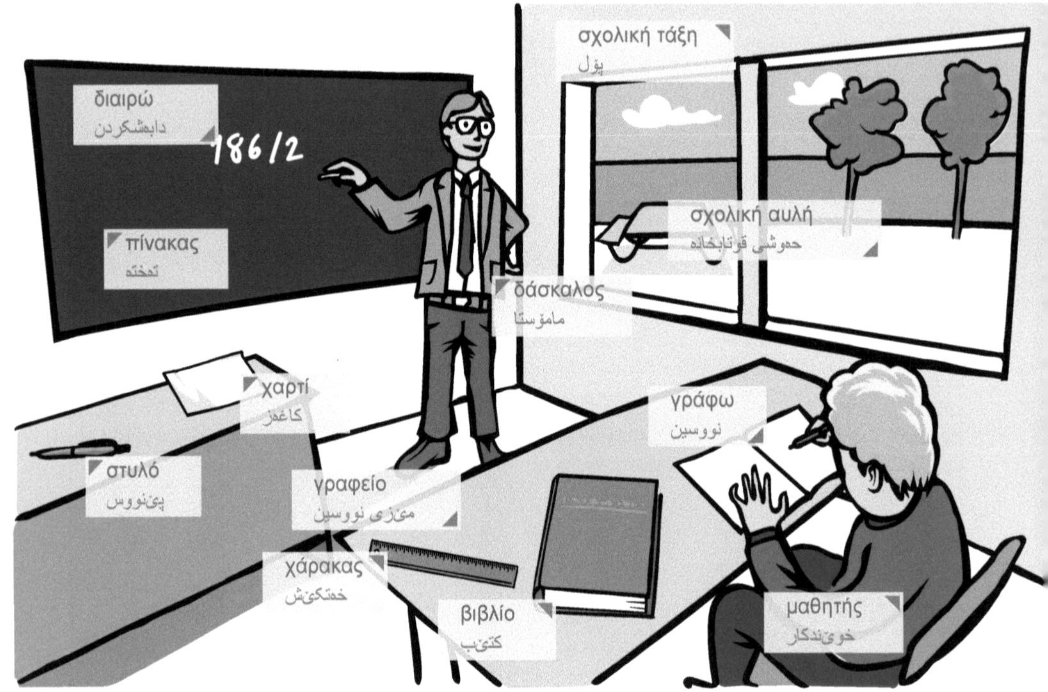
σχολική τάξη
پۆل
διαιρώ
دابەشکردن
186/2
σχολική αυλή
حەوشی قوتابخانە
πίνακας
تەختە
δάσκαλος
مامۆستا
χαρτί
کاغەز
γράφω
نووسین
στυλό
پێنووس
γραφείο
مێزی نووسین
χάρακας
خەتکێش
βιβλίο
کتێب
μαθητής
خوێندکار

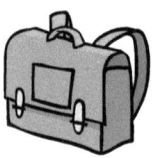

σχολική τσάντα

چەواڵ

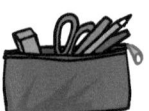

κασετίνα/ μολυβοθήκη

جانتای پێنووس

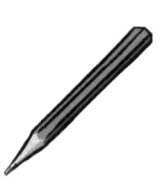

μολύβι

پێنووس

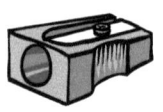

ξύστρα

تیژکەرەوەی پێنووس

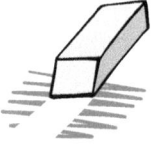

γόμα

ڕەشکەرەوە

μπλοκ ζωγραφικής

پەدی نیگارکێشان

ζωγραφική

نیگارکێشان

πινέλο

فڵچەی ڕەنگ

κουτί χρωμάτων

قوتووی ڕەنگ

ψαλίδι

مەقەست

κόλλα

چەسپ، کەتیرە

τετράδιο ασκήσεων

کتێبی ڕاهێنان

εργασία για το σπίτι

کاری ماڵەوە

12

αριθμός

ژماره

2+2

προσθέτω

زیدەکردن

5-2

αφαιρώ

کەمکردن

2×2

πολλαπλασιάζω

لێکدان

υπολογίζω

حسابکردن، ژماردن

A

γράμμα

پیت

ABCDEFG HIJKLMN OPQRSTU VWXYZ

αλφάβητο

نەلفوبێ

hello

λέξη

وشه

κείμενο

....

دەق، ئاوسراوون

διαβάζω

....

خوێندنەوه

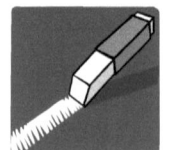

κιμωλία

....

گەچ

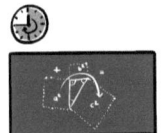

μάθημα

....

دەرس، خول

εγγράφομαι

....

تۆمارکردن

τεστ

....

تاقیکردنەوه ،نمزموون

πιστοποιητικό

....

بڕوانامه

μαθητική στολή

....

جلی قوتابخانه

εκπαίδευση

....

پەروەرده

εγκυκλοπαίδεια

....

زانیاری نامه

πανεπιστήμιο

....

زانکۆ

μικροσκόπιο

....

میکرۆسکۆپ

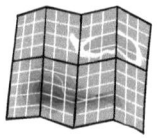

χάρτης

....

نەخشە ،خەریتە

καλάθι αχρήστων

....

سەبەتەی کاغەز

ξενοδοχείο
میوانخانە، ھۆتێل

ξενώνας
میوانخانە

Grand

ROOMS

ανταλλακτήρια συναλλάγματος
نووسینگەی گۆڕینەوەی دراو

EXCHANGE

βαλίτσα
جانتا، ساک

αυτοκίνητο
ئۆتۆمۆبیل

γλώσσα

زمان

ναι / όχι

بەڵێ / نەخێر

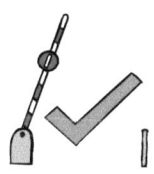

εντάξει

باشە

γεια σου

سڵاو

μεταφραστής

وەرگێڕی دەق

Ευχαριστώ

سپاس

πόσο κάνει ;

بەچەندە ...؟

Δε καταλαβαίνω

من تێناگەم

πρόβλημα

کێشە

Καλησπέρα!

ئێواره باش!

Καλημέρα!

بەیانی باش!

Καληνύχτα!

شەو باش!

Αντίο

مالئاوا، بەخێرچی

κατεύθυνση

ئاراستە، ڕێزەو

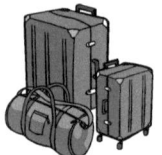

αποσκευές

جانتا

τσάντα

جانتا

σακίδιο πλάτης

کۆلەپشتی

καλεσμένος

میوان

δωμάτιο

ژوور، دیو

υπνόσακος

کیسەخەو

σκηνή

چادر، دەوار

τουριστικές πληροφορίες

زانیاری بۆ گەشتیار

παραλία

کەنداراو

πιστωτική κάρτα

کارتی قەرز

πρωινό

نانی بەیانی

μεσημεριανό

نانی نیوەڕۆ

δείπνο

نانی شەو

εισιτήριο

بلیت

ανελκυστήρας

ئاسانسۆر

γραμματόσημο

پوول، تەمر

σύνορα

سنوور

τελωνείο

گومرک

πρεσβεία

بالوێزخانە

βίζα

ڤیزا

διαβατήριο

پاسپۆرت

μεταφορά

گواستنەوە

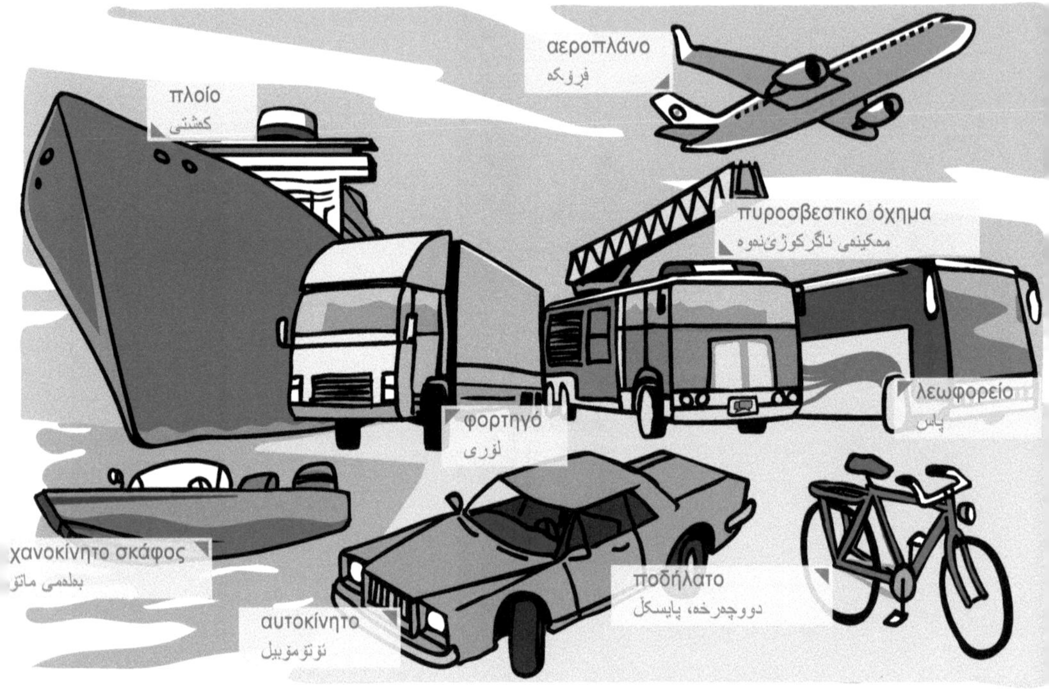

αεροπλάνο
فڕۆکە
πλοίο
کەشتی
πυροσβεστικό όχημα
مەکینەی ئاگرکوژێنەوە
λεωφορείο
پاس
φορτηγό
لۆری
χανοκίνητο σκάφος
بەلەمی ماتۆ
ποδήλατο
دووچەرخە، پایسکڵ
αυτοκίνητο
ئۆتۆمۆبیل

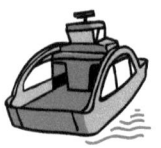

φεριμπότ

....

کەشتی گواستنەوە

βάρκα

....

بەلەمی ماتۆڕی

μοτοσικλέτα

....

ماتۆڕ

περιπολικό

....

ئوتومبێلی پۆلیس

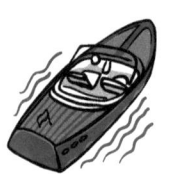

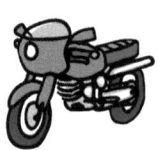

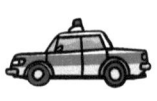

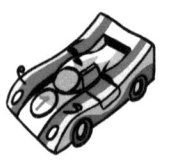

αγωνιστικό αυτοκίνητο

....

ئوتومبێلی پێشبڕکێ

ενοικιαζόμενο αυτοκίνητο

....

ئۆتۆمۆبیلی کرێ

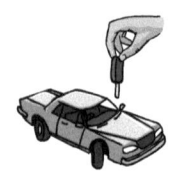

διαμοιρασμός αυτοκινήτων

نۆتۆمۆبیل هاوبەشکردن

γερανός

لۆری راکێشکردن

απορριμματοφόρο

لۆری زبڵ

κινητήρας

ماتۆر

καύσιμο

سووتەمەنی

βενζινάδικο

وێستگەی بەنزین

πινακίδα σήμανσης

تابلۆی هاتووچۆ

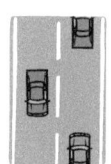

κυκλοφορία

هاتووچۆ

κυκλοφοριακή συμφόρηση

ترافیک

χώρος στάθμευσης

شوێنی راگرتنی نۆتۆمۆبیل

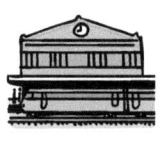

σιδηροδρομικός σταθμός

وێستگەی شەمەندەفەر

σιδηροδρομικές γραμμές

هێڵی ناسن

τρένο

شەمەندەفەر

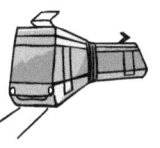

τραμ

قەتاری سەرشەقام

βαγόνι

داشقە

ελικόπτερο

هلیکۆپتەر

αεροδρόμιο

فڕۆکەخانە

πύργος

بورج

επιβάτης

نمقهر

εμπορευματοκιβώτιο

دەفر، کانتینەر

χαρτοκιβώτιο

کارتۆن

καρότσι

داشقه

καλάθι

سمومته

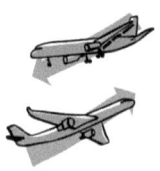

απογειώνομαι /
προσγειόνομαι

هەلفرین / نیشتن

πόλη

شار

χωριό

گوند، دێهات

κέντρο της πόλης

ناوەندی شار

σπίτι

مال، خانوو

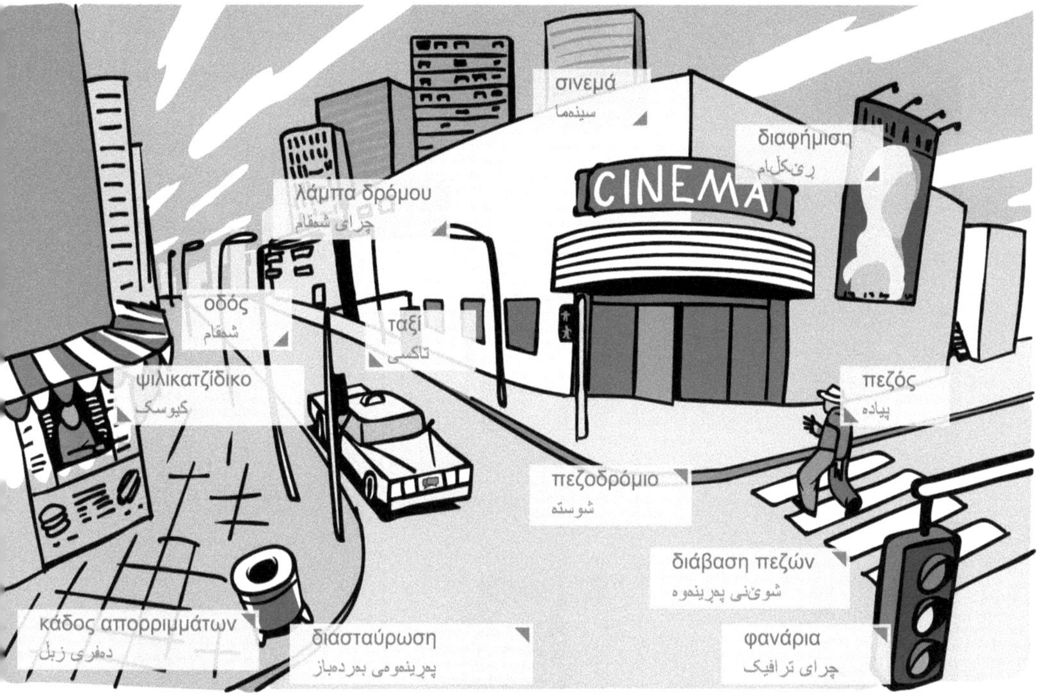

σινεμά
سینەما

διαφήμιση
ڕێکلام

λάμπα δρόμου
چرای شەقام

CINEMA

οδός
شەقام

ταξί
تاکسی

ψιλικατζίδικο
کیۆسک

πεζός
پیادە

πεζοδρόμιο
شوستە

διάβαση πεζών
شوێنی پەڕینەوە

κάδος απορριμμάτων
دەفری زبڵ

διασταύρωση
پەڕینەوەی بەردەباز

φανάρια
چرای ترافیک

καλύβα

خانووچکە

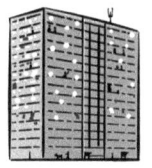

διαμέρισμα

نهۆم، باڵەخانە

σιδηροδρομικός σταθμός

وێستگەی شەمەندەفەر

δημαρχείο

کۆشکی شارەوانی

μουσείο

مۆزەخانە

σχολείο

قوتابخانە

πανεπιστήμιο

زانكۆ

τράπεζα

بانک

νοσοκομείο

نەخۆشخانە، خەستەخانە

ξενοδοχείο

میوانخانە، هۆتێل

φαρμακείο

دەرمانخانە

γραφείο

نووسینگە، فەرمانگە

βιβλιοπωλείο

کتێبفرۆشی

κατάστημα

دووکان

ανθοπωλείο

گوڵفرۆشی

σούπερ μάρκετ

سوپەرمارکێت

αγορά

بازار

πολυκατάστημα

فرۆشگا

ιχθυοπωλείο

ماسیفرۆش

εμπορικό κέντρο

ناوەندی کڕین

λιμάνι

بەندەر

πάρκο

پارک

παγκάκι

کورسی دریژ

γέφυρα

پرد

σκάλες

پیّ پیلکان

μετρό

ژێرزەوی

τούνελ

تونێل

στάση λεωφορείου

وێستگەی پاس

μπαρ

مەیخانە

εστιατόριο

رێستۆرانت

γραμματοκιβώτιο

سندووقی پۆست

πινακίδα δρόμου

تابلۆی شەقام

παρκόμετρο

پێوەری پارکینگ

ζωολογικός κήπος

باخچەی ئاژەڵان

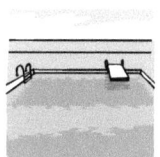

πισίνα

حەوزی مەلە

τζαμί

مزگەوت

αγρόκτημα

مەزرا

ρύπανση

پیسبوونی ژینگە

νεκροταφείο

قبرستان، گۆرستان

εκκλησία

كەنیسە

παιδική χαρά

شوێنی یاری

ναός

پەرستگا

τοπίο

دیمەن

φύλλο
گەڵا

πινακίδα κατεύθυνσης
تابلۆی ڕێنیشاندەر

δρόμος
ڕێگا

λιβάδι
مێرگ

πέτρα
بەرد

δέντρο
دار

πεζοπόρος
شاخەوان

ποτάμι
ڕووبار، چەم

χορτάρι
گژوگیا

λουλούδι
گوڵ

κοιλάδα

دۆل، شیو

λόφος

بەرزایی

λίμνη

دەریاچە

δάσος

دارستان

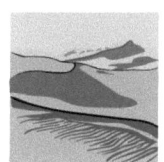

έρημος

چۆڵەوار

ηφαίστειο

بوركان

κάστρο

قەڵا

ουράνιο τόξο

کۆلکەزێرینە

μανιτάρι

کارگ

φοίνικας

دارخورما

κουνούπι

مێشوولە

μύγα

مێشوولە

μυρμήγκι

مێروولە

μέλισσα

مێش هەنگوین

αράχνη

جاڵجاڵووکە

σκαθάρι

قالۆنچد

βάτραχος

بۆق

σκίουρος

سمۆره

σκαντζόχοιρος

ژیشک

λαγός

کەروێشکە کێوی

κουκουβάγια

کوند

πουλί

باڵەندە

κύκνος

قازی سپی

αγριογούρουνο

بەرازی کێوی

ελάφι

ناسک

άλκη

یزنە کێوی

φράγμα

بەنداو

ανεμογεννήτρια

تۆربینی با

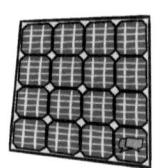

ηλιακός συλλέκτης

پەرەی خۆری

κλίμα

ناوو هەوا

εστιατόριο

ڕێستۆرانت

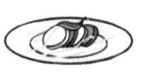

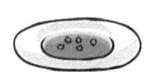

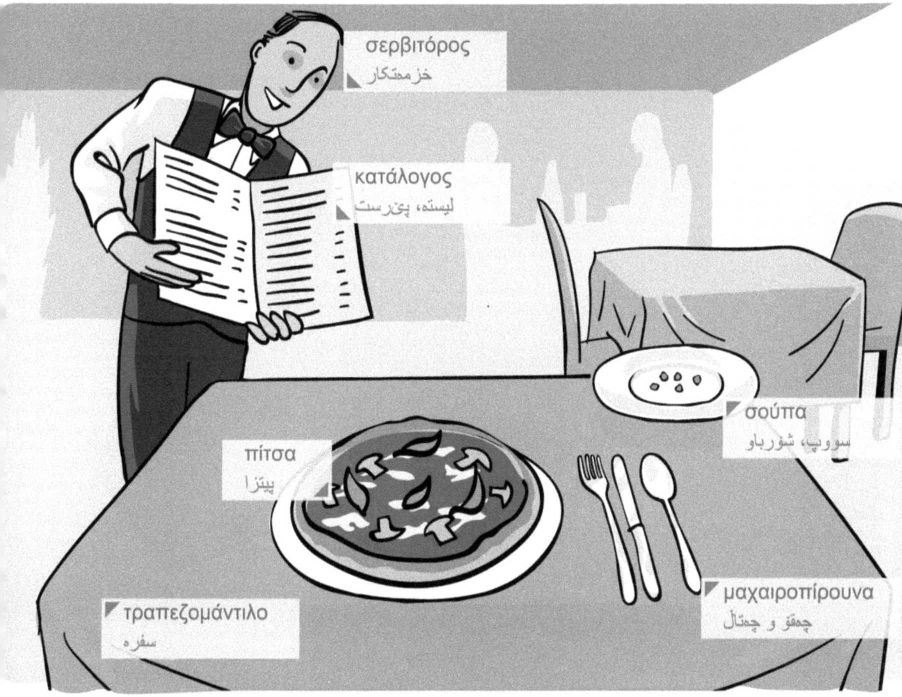

σερβιτόρος
خزمەتکار
κατάλογος
لیستە، پێڕست
καρέκλα
کورسی
σούπα
سووپ، شۆرباو
πίτσα
پیتزا
μαχαιροπίρουνα
چەقۆ و چەتاڵ
τραπεζομάντιλο
سفرە

ορεκτικό

خواردنی دەستپێک

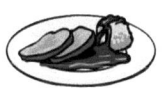

κύριο πιάτο

خواردنی سەرەکی

επιδόρπιο

دێسێر

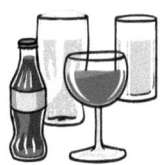

ποτά

خواردنەوە

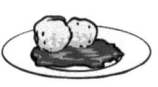

φαγητό

خواردن

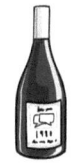

μπουκάλι

بوتڵ

φαστ φουντ

خواردنی خێرا

φαγητό στ' όρθιο

خواردنی سەرشەقام

τσαγιέρα

قۆری

δοχείο ζάχαρης

قوتووی شەکر

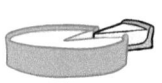

μερίδα

بەش

μηχανή εσπρέσο

نامێری ساز کردنی قاوەی ئێسپرەسۆ

ψηλή καρέκλα

کورسی بەرز

λογαριασμός

تێچوو

δίσκος

کەشدەف

μαχαίρι

چەقۆ

πιρούνι

چەنگال

κουτάλι

کەوچک

κουταλάκι του τσαγιού

کەوچکی چا

πετσέτα φαγητού

دەسمال

ποτήρι

لیوان، پەرداخ

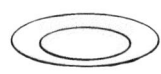

πιάτο

قاپ، دووری، دهفر

πιάτο σούπας

قاپی شۆرباو

πιατάκι φλιτζανιού

ژێرپیاڵه

σάλτσα

سۆس

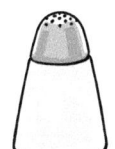

αλατιέρα

خوێدان

μύλος για πιπέρι

هاردرى بیبار

ξύδι

سرکه

λάδι

رۆن

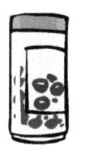

μπαχαρικά

بههارات

κέτσαπ

دۆشاوى تهمات، سۆسى تهماته

μουστάρδα

سۆسى موستارد

μαγιονέζα

سۆسى مایۆنێز

σούπερ μάρκετ

سوپەرمارکێت

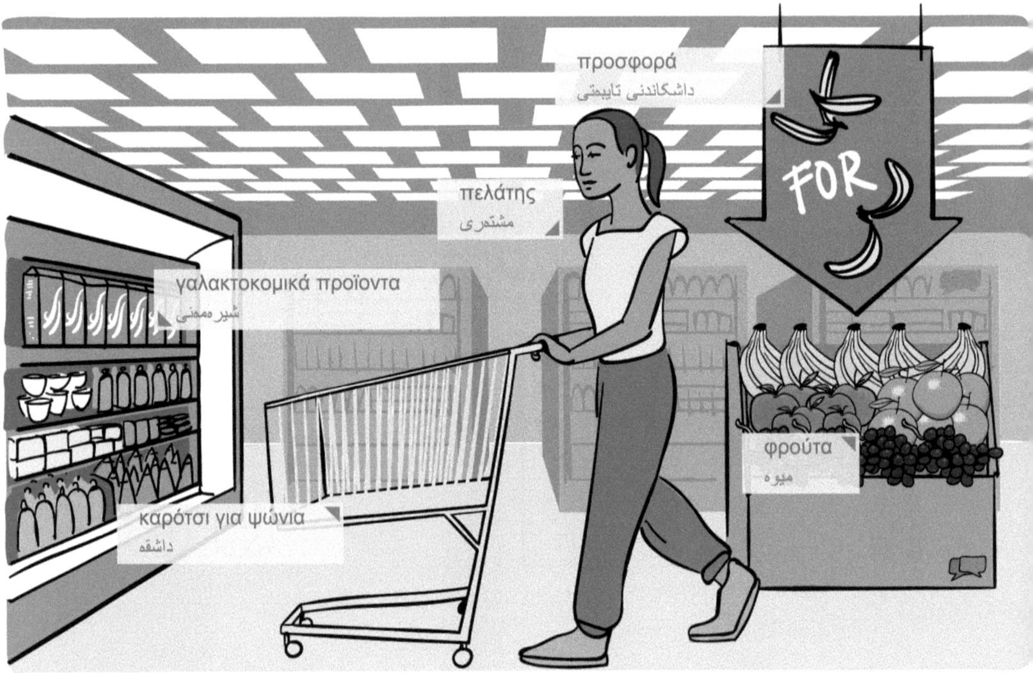

προσφορά
داشکاندنی تایبەتی
FOR
πελάτης
مشتەری
γαλακτοκομικά προϊόντα
شیرەمەنی
φρούτα
میوە
καρότσι για ψώνια
داشقە

BUTCHERS

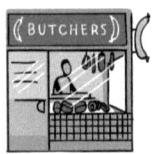

κρεοπωλείο

دووکانی قەسابی

BAKERY

φούρνος

نانەواخانە

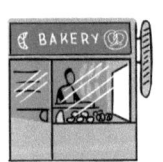

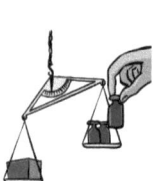

ζυγίζω

کێشان

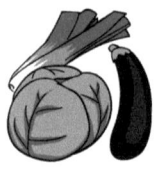

λαχανικά

سەوزی

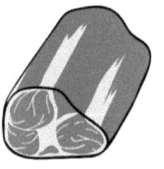

κρέας

گۆشت

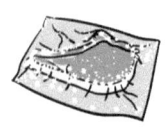

κατεψυγμένα τρόφιμα

خواردنی بەستوو

αλλαντικά

گۆشتی سارد

κονσερβοποιημένη τροφή

خواردنی کۆنسێرو

απορρυπαντικό ρούχων

دەرمانی بشۆر

γλυκά

شیرینی

οικιακά είδη

پەرەهەمی خۆماڵی

καθαριστικά προϊόντα

پەرەهەمی خاوێنکردنەوە

πωλήτρια

فرۆشیار

ταμείο

ژمێرەر

ταμίας

ژمێریار ، خەزنەدار

λίστα για ψώνια

لیستی کرین

ωράριο λειτουργίας

کاتی دوام

πορτοφόλι

کیسەباخەڵ، جزدان

πιστωτική κάρτα

کارتی قەرز

τσάντα

تووڕەکە، کیسە

πλαστική σακούλα

تووڕەکە

νερό

ناو

χυμός

شەربەت

γάλα

شیر

κόκα κόλα

خەڵووز

κρασί

شەراب

μπίρα

بیرە

αλκοόλ

ئەلکۆل

κακάο

کاکاو

τσάι

چایی، چا

καφές

قاوە

εσπρέσο

قاوەی ئێسپرسۆ

καπουτσίνο

کاپوچینۆ

μπανάνα

موز

μήλο

سێو

πορτοκάλι

پرتەقاڵ

πεπόνι

كاڵەک

λεμόνι

لیمۆ

καρότο

گێزەر

σκόρδο

سیر

μπαμπού

حەیزەران

κρεμμύδι

پیاز

μανιτάρι

كارگ

ξηροί καρποί

سەمموونە، گوێز، ناوكە

νουντλς

نوودڵ

μακαρόνια

ماکارۆنی

ρύζι

برینج

σαλάτα

زەڵاتە

πατατάκια

چپس

τηγανητές πατάτες

پەتاتەی برژاو، پەتاتەی سوورۆکراو

πίτσα

پیتزا

χάμπουργκερ

هەمبرگێر

σάντουιτς

ساندویچ، دۆنەردرمە

κοτολέτα

پارچە گۆشت

ζαμπόν

گۆشتی بەراز

σαλάμι

گۆشتی بەراز

λουκάνικο

سۆسیس

κοτόπουλο

مریشک

ψητό

برژاندن، نرژان

ψάρι

ماسی

χυλός βρώμης

شۆرباوی ساوار

μούσλι

دانەوێڵەی تێکەڵ

κορν φλέικς

دانەی دانەوێڵە

αλεύρι

نارد

κρουασάν

کرۆسانت، نانۆکی فەرەنسی

ψωμάκι

نانی خر

ψωμί

نان

τοστ

نانی برژاو

μπισκότα

بسکیت

βούτυρο

کەرە، رۆنی کەرە

τυρόπηγμα

سەرتەوێژ، تۆوێژ

κέικ

کێک

αυγό

هێلکە

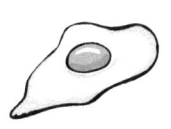

τηγανητό αυγό

هێلکەی برژاو

τυρί

پەنیر

παγωτό

بەستەنی، دۆندرمە

ζάχαρη

شەکر

μέλι

هەنگوین

μαρμελάδα

مرەبا

άλλειμμα σοκολάτας

خامەی نۆگات

κάρυ

بەهارات

αγρόκτημα
مەزرا

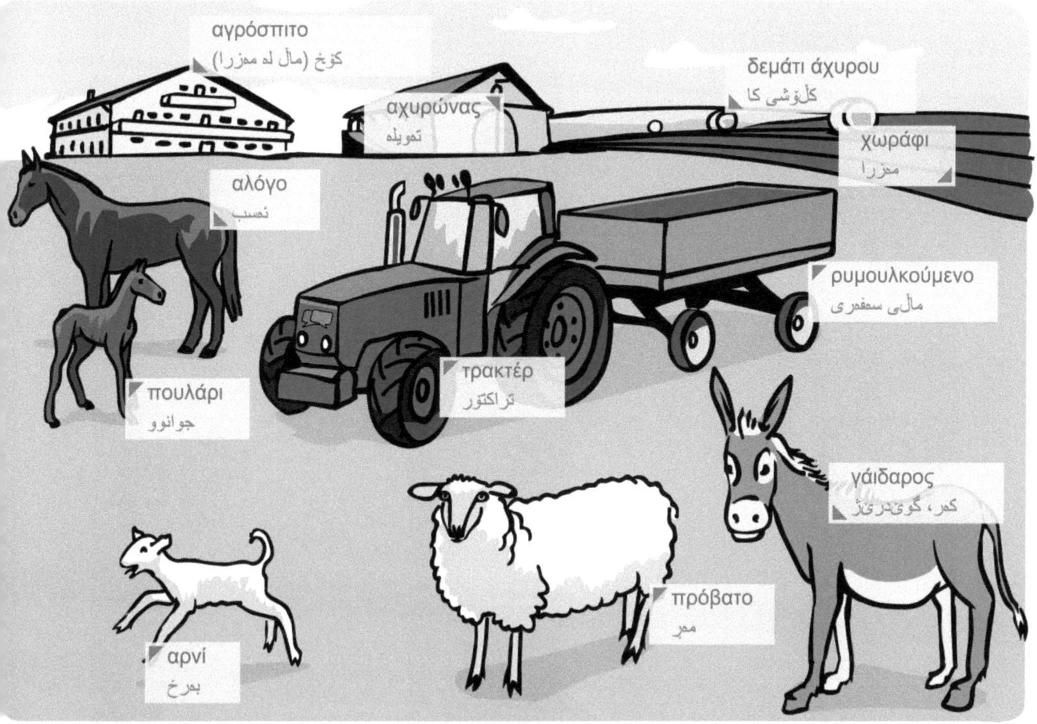
αγρόσπιτο
کۆخ (ماڵ لە مەزرا)
δεμάτι άχυρου
کڵۆشی کا
αχυρώνας
تەویلە
χωράφι
مەزرا
αλόγο
ئەسب
ρυμουλκούμενο
ماڵی سەفەری
πουλάρι
جوانوو
τρακτέρ
تراکتۆر
γάιδαρος
کەر، گوێدرێژ
πρόβατο
مەڕ
αρνί
بەرخ

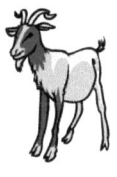

κατσίκα

بزن

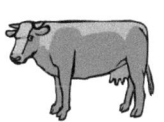

αγελάδα

مانگا

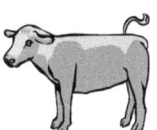

μοσχαράκι

گوێلک

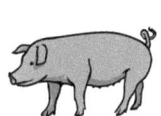

γουρούνι

بەراز

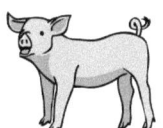

γουρουνάκι

فەرخە بەراز

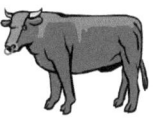

ταύρος

جوانەگا

χήνα

قاز

πάπια

مراوی

κοτοπουλάκι

جووچک

κότα

مریشک

κόκορας

کەڵەشێر

αρουραίος

جرج

γάτα

پشیله

ποντίκι

مشک

βόδι

گا

σκύλος

سەگ

σπιτάκι σκύλου

کونە سە

λάστιχο κήπου

سۆندە

ποτιστήρι

تونگدی ناودان

θεριστήρι

مناسفان

αλέτρι

گاسن

δρεπάνι

داس

τσάπα

مەڕە

δίκρανο

شەنە

τσεκούρι

تەور

χειράμαξα

عارەبانەی دەستیی

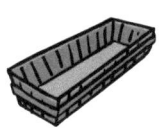

ταΐστρα

دەفری خواردنی ئاژەڵان

δοχείο γάλακτος

دەفری شیر

σάκος

تەلیس

φράχτης

پەرژین

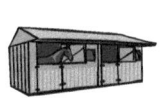

στάβλος

تەویلە

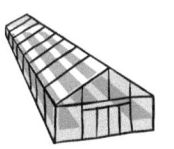

θερμοκήπιο

گوڵخانە

έδαφος

خۆڵ

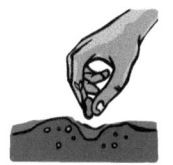

σπόρος

دەنک، تۆک

λίπασμα

پەیین

θεριζοαλωνιστική μηχανή

کۆمبایین

θερίζω

دروینەکردن

συγκομιδή

خەرمان

γιαμς

پەتاتە

σιτάρι

گەنم

σόγια

لووبیا، فاسۆلیا

πατάτα

پەتاتە

καλαμπόκι

گەنمەشامی

κράμβη

جۆرێک دەخڵودان

οπωροφόρο δέντρο

داری بەری

μανιόκα

سێوبنەعەرزیلە

δημητριακά

دانەوێڵەی تێکەڵ

σπίτι

ماڵ، خانوو

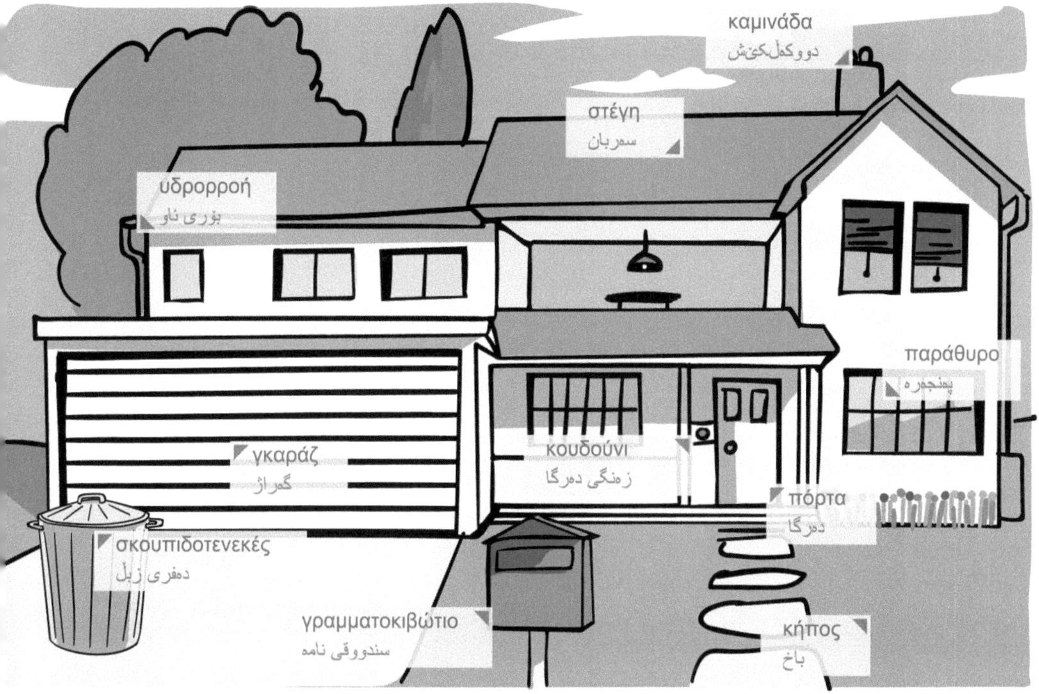
καμινάδα
دووکەڵکێش
στέγη
سەربان
υδρορροή
بۆری ئاو
παράθυρο
پەنجەرە
γκαράζ
گەراژ
κουδούνι
زەنگی دەرگا
πόρτα
دەرگا
σκουπιδοτενεκές
دەفری زبڵ
γραμματοκιβώτιο
سندووقی نامە
κήπος
باخ

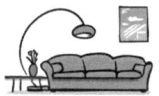

σαλόνι

....

ژووری دانیشتن

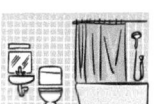

μπάνιο

....

حەمام، ناودەستخانە

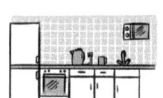

κουζίνα

....

چێشتخانە

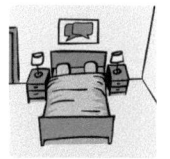

υπνοδωμάτιο

....

ژووی خەو

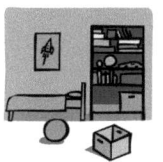

παιδικό δωμάτιο

....

ژووری منداڵ

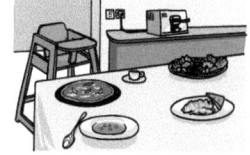

τραπεζαρία

....

ژووری نانخوارن

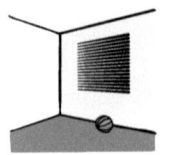

πάτωμα

دالان، نهرز

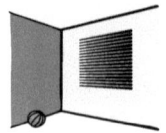

τοίχος

دیوار

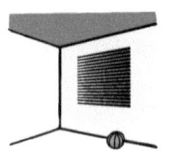

οροφή

بن میچ

κελάρι

ژێرزەمین

σάουνα

ساونا

μπαλκόνι

بالکۆن، هەیوان

βεράντα

هەیوان

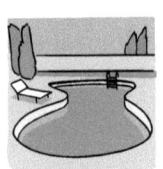

πισίνα

حەوز، مەلەوانگە

μηχανή του γκαζόν

گژوگیابڕ

σεντόνι

مەلافە

κάλυμμα κρεβατιού

مەلافەی نوێن

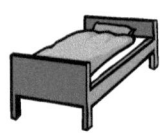

κρεβάτι

پێخەف، نوێن

σκούπα

گسک

κουβάς

سەتڵ

διακόπτης

سویچ، کلیل

σαλόνι

ژووری دانیشتن

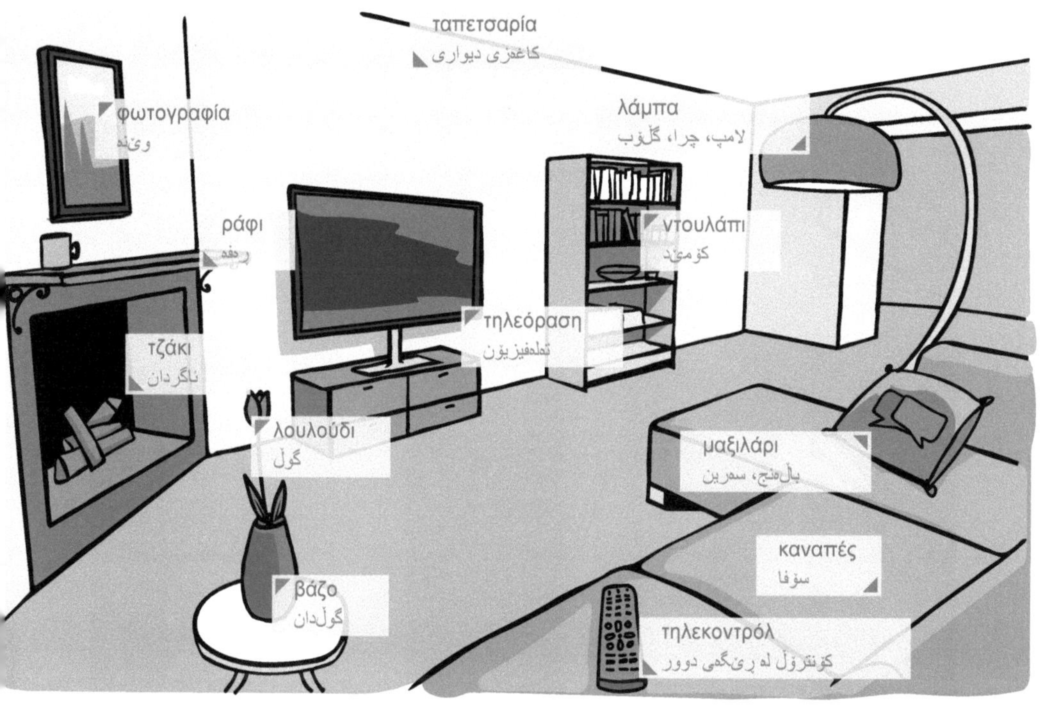

ταπετσαρία
کاغەزی دیوار
φωτογραφία
وێنە
λάμπα
لامپ، چرا، گڵۆپ
ράφι
ڕەفە
ντουλάπι
کۆمێد
τηλεόραση
تەلەفیزیۆن
τζάκι
ئاگردان
λουλούδι
گوڵ
μαξιλάρι
باڵەنج، سەرین
καναπές
سۆفا
βάζο
گوڵدان
τηλεκοντρόλ
کۆنترۆڵ لە ڕێگەی دوور

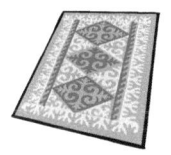

χαλί
فەرش

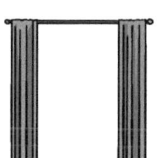

κουρτίνα
پەردە

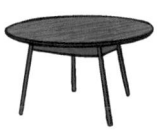

τραπέζι
مێز

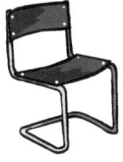

καρέκλα
کورسی

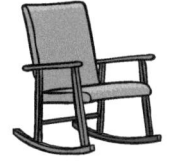

κουνιστή πολυθρόνα
کورسی ڕاژاندن

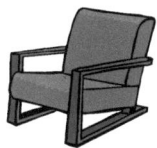

πολυθρόνα
کورسی دەسکدار

βιβλίο

كتێب

κουβέρτα

پەتوو، بەتانی

διακόσμηση

ڕازاندنەوە

καυσόξυλα

داری سووتاندن

ταινία

فیلم

στερεοφωνικό σύστημα

ستریۆ

κλειδί

کلیل

εφημερίδα

ڕۆژنامە

πίνακας ζωγραφικής

نیگار، نیگارکێشان

αφίσα

پۆستەر

ραδιόφωνο

ڕادیۆ

σημειωματάριο

تێبینووس

ηλεκτρική σκούπα

گسکی کارەبایی

κάκτος

کاکتووس

κερί

مۆم

κουζίνα

چێشتخانە

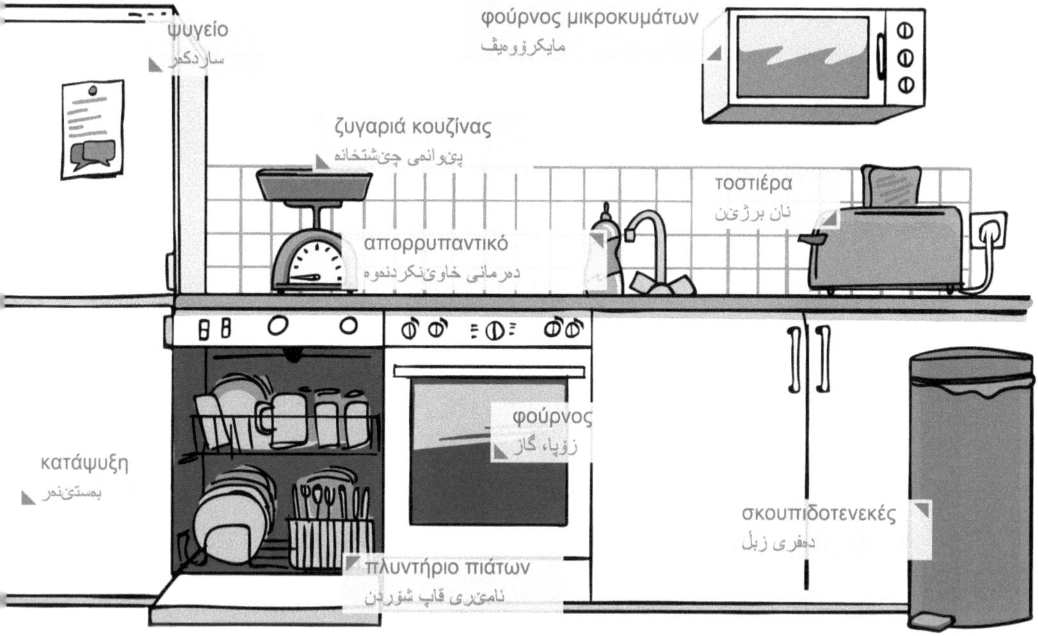

ψυγείο
ساردکەر
φούρνος μικροκυμάτων
مایکرۆوەیڤ
ζυγαριά κουζίνας
پێوانەی چێشتخانە
τοστιέρα
نان برژێن
απορρυπαντικό
دەرمانی خاوێنکردنەوە
φούρνος
زۆپا، گاز
κατάψυξη
بەستێنەر
σκουπιδοτενεκές
دەفری زبڵ
πλυντήριο πιάτων
ئامێری قاپ شۆردن

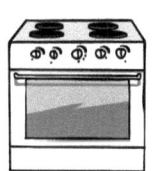

κουζίνα

چێشتلێنەر

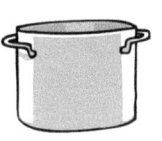

κατσαρόλα

مەنجەڵ

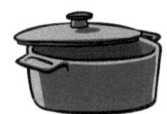

μαντεμένια κατσαρόλα

قاپی ئوتوو

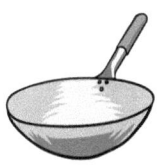

γουόκ/καντάι

تاوەی قووڵ

τηγάνι

تاوە

βραστήρας

کتری، ئاوگەمکەر

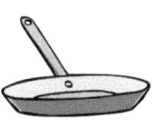

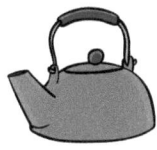

ατμομάγειρας

چۆشتلێنەری هەڵمی

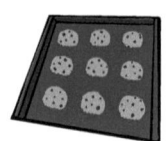

ταψί

كەشەفی نانكردن

πιατικά

قاپ و قاچاغ

κούπα

كۆپ

μπολ

قاپ

ξυλάκια

چیلكەی نانخواردن

κουτάλα

نەسكوێ

σπάτουλα

كەورگیر

ανακατεύω

گسك

σουρωτήρι

سووزمە

σουρωτηράκι

بیژنگ

τρίφτης

ئامێری جنینی پەنیر و سەوزە

γουδί

دەستار

ψησταριά

برژاندن

ανοιχτή φωτιά

ناگر

σανίδα κοπής

تەختەی وردکردن

πλάστης

تیرۆک

ανοιχτήρι φελλών

بورغی فلین

κονσέρβα

قوتوو

ανοιχτήρι κονσέρβας

قوتووکەرەوە

γάντι φούρνου

دەسترى مەنجەڵ

νεροχύτης

دەستشۆر

βούρτσα

فلڵچە

σφουγγάρι

ئیسفەنج

μπλέντερ

تێکەڵکەر

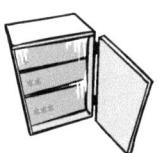

καταψύκτης

قەرەسی

μπιμπερό

شووشە شیر

βρύση

شوێری ناو

μπάνιο

حەمام، ئاودەستخانە

θέρμανση
زۆپا/گەرمکەر
πετσέτα
خاولی
ντους
دووشی ئاو، خورژم
κουρτίνα ντουζ
پەردەی حەمام
αφρόλουτρο
کەفی حەمام
μπανιέρα
حەوزی حەمام
ποτήρι
لیوان، پەرداخ
πλυντήριο ρούχων
ئامێری دەفرشوتن
βρύση
شێری ئاو
πλακάκια
کاشی
γιογιό
ئاودەستی منداڵان
νεροχύτης
دەستشۆر

τουαλέτα

ئاودەست، تواڵێت

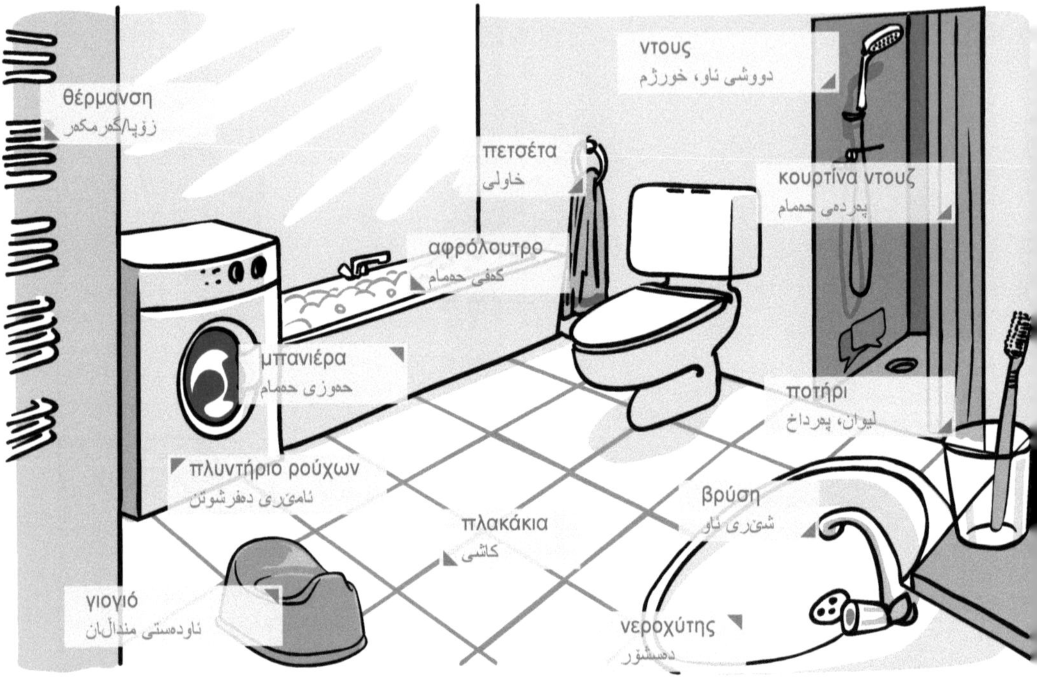

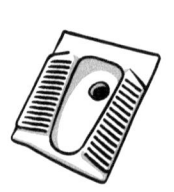

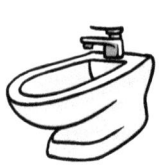

τούρκικη τουαλέτα

تواڵێتی نزم، ئاودەست

μπιντές

جۆرێک تواڵێت

ουρητήριο

تواڵێت، ئاودەست

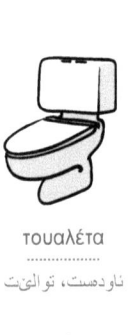

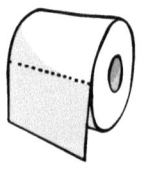

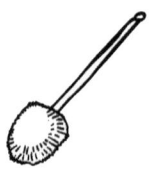

χαρτί υγείας

کاغەزی ئاودەستخانە

πιγκάλ

فڵچەی ئاودەستخانە

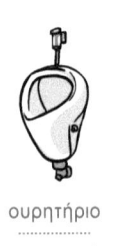

οδοντόβουρτσα

فڵچمی ددان

οδοντόκρεμα

خەمیری ددان

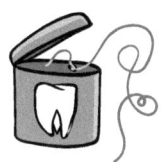

οδοντικό νήμα

یەنی ددان

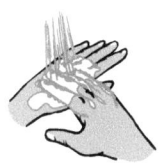

πλένω

شۆردن، شۆتن

τηλέφωνο ντους

خورژمی دەستی

ντουσιέρα

دووش

λεκάνη

كاسەی دەستۆچاوشۆتن

βούρτσα πλάτης

فڵچمی پشت

σαπούνι

سابوون

αφρόλουτρο

جێڵەی خۆشوتن

σαμπουάν

شامپۆ

φανέλα

فلانیڵ

σιφόνι

ناوەڕۆ

κρέμα

كرێم

αποσμητικό

بۆنخۆشكەرە

καθρέφτης

ناوینه

καθρέφτης χειρός

ناوینهى دهستى

ξυραφάκι

مەكینەى ریش تاشین

αφρός ξυρίσματος

سابوونى ریش تاشین

αφτερσέιβ

كریمى دواى ریش تاشین

χτένα

شانە

βούρτσα

فلچە

σεσουάρ

سیشوار ، سەرنیشككەرەوە

λακ

سپرەى قژ

μακιγιάζ

سوورو سپیاو

κραγιόν

سووراو

βερνίκι νυχιών

رەنگى نینۆك

βαμβάκι

لۆكە

ψαλίδι νυχιών

مەقەستى نینۆك

άρωμα

عەتر

νεσεσέρ

کیسەی حەمام

σκαμπό

کورسی بێ پشت

ζυγαριά

پێوەر

μπουρνούζι

خاولی حەمام

ελαστικά γάντια

دەستەوانەی چەرم

ταμπόν

تامپۆن

πετσέτα υγιεινής

خاولی خاوێنکردنەوە

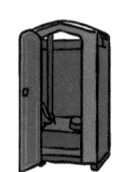

χημική τουαλέτα

ئاودەستی کیمیایی

παιδικό δωμάτιο

ژووری منداڵ

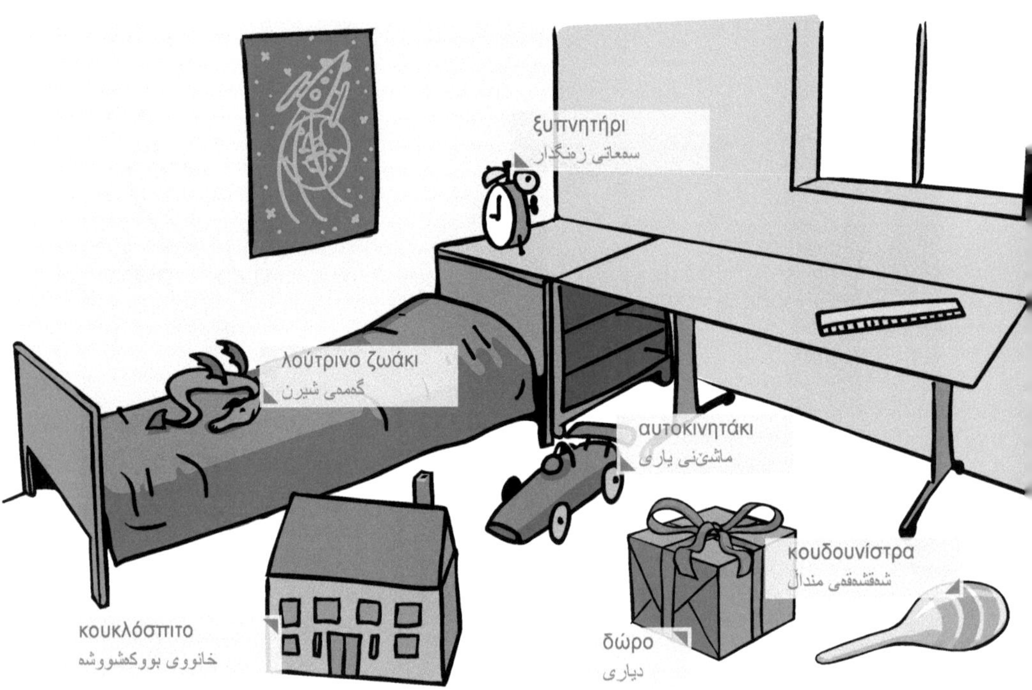

ξυπνητήρι
سەعاتی زەنگدار
λούτρινο ζωάκι
گەمەی شیرن
αυτοκινητάκι
ماشێنی یاری
κουδουνίστρα
شەقشەقەی منداڵ
κουκλόσπιτο
خانووی بووکەشووشە
δώρο
دیاری

μπαλόνι

باڵۆن

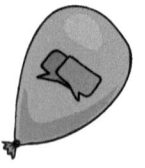

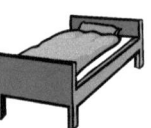

κρεβάτι

پێخەف، نوێن

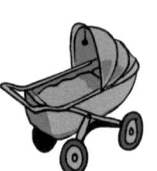

καροτσάκι

داشقەی منداڵ

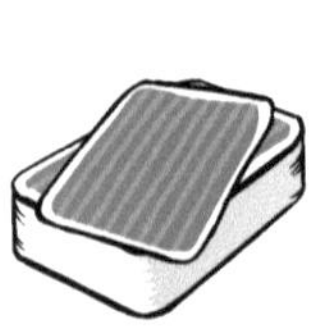

τράπουλα

گەمەی کارت

παζλ

مەتەڵ، مەتەڵۆک

SUPER
MEGA

κόμικς

کۆمێدی

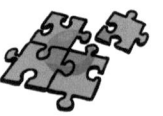

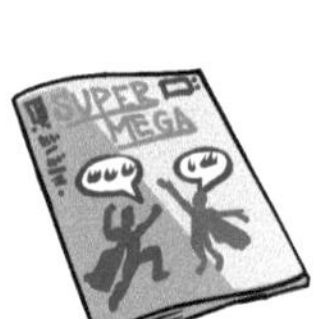

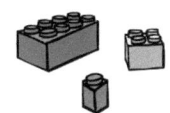

τουβλάκια lego

خشتی لێگۆ

τουβλάκια κατασκευών

خشتی یاری

φιγούρα δράσης

بووکه شووشه

βρεφικό φορμάκι

جلی مندال

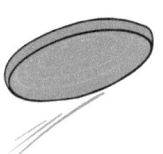

φρίσμπι

یاری فریزبی

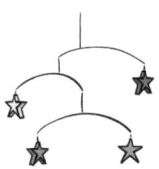

μόμπιλο

بزۆک، جوولێنراو

επιτραπέζιο παιχνίδι

یاری تەمختە

ζάρια

مۆره

σετ τρενάκι

مۆدێلی شەممەندەفەر

πιπίλα

مەمکه مژه

πάρτι

میوانی، جەژن

εικονογραφημένο βιβλίο

کتێبی وێنەدار

μπάλα

تۆپ

κούκλα

بووکەشووشه

παίζω

کایه کردن، یاری کردن

σκάμμα με άμμο

قورتى خيزوخوڵ

κούνια

جۆلانه

παιχνίδια

کایەی مندالٛان، یاری مندالٛان

κονσόλα βιντεοπαιχνιδιών

گەمەی ویدیۆیی

τρίκυκλο

سێچەرخە

αρκουδάκι

ورچی یاری

ντουλάπα

کەنتۆر

ρούχα

جلوبەرگ

κάλτσες

گۆروی

καλτσοδέτες

گۆرەوی درێژ

καλσόν

گۆرەوی درێژ

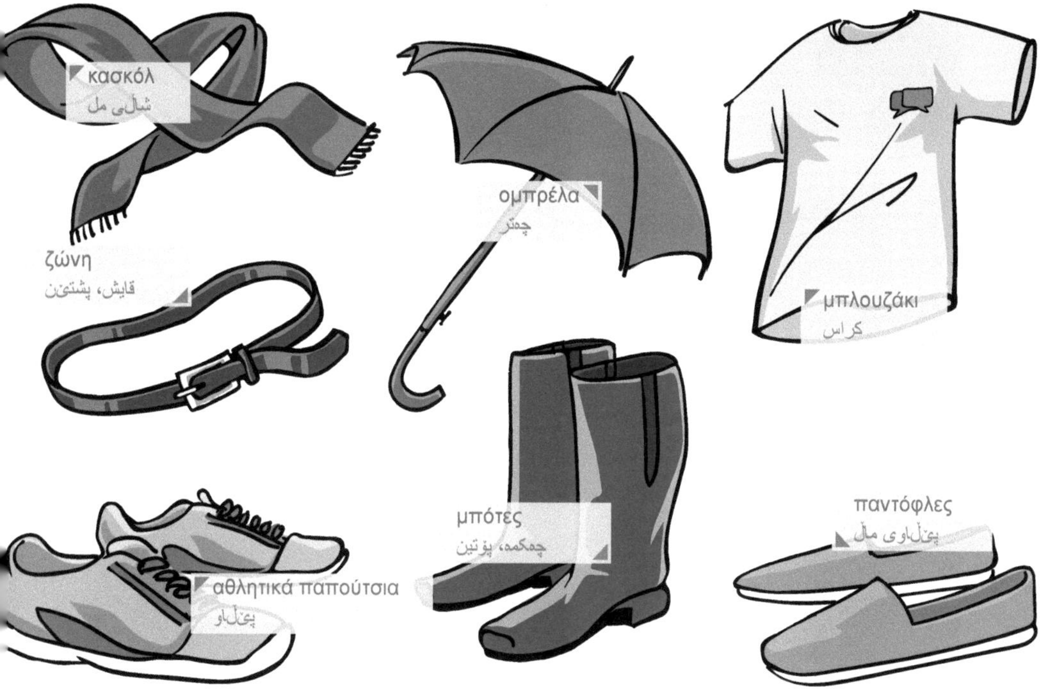

κασκόλ
شاڵی، مل

ζώνη
قایش، پشتێنن

ομπρέλα
چەتر

μπλουζάκι
کراس

αθλητικά παπούτσια
پێڵاو

μπότες
چمکمە، پۆتین

παντόφλες
پێڵاوی ماڵ

σανδάλια
······················
پاپوچ

παπούτσια
······················
کەوش، پێڵاو

γαλότσες
······················
چمکمەی چەرم

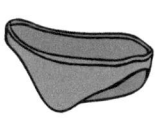

εσώρουχο
······················
پانتۆڵی ژێرەوه

σουτιέν
······················
ستیان، سوخمە

φανέλα
······················
جلیسقە

σώμα

جسته، لمش

παντελόνι

پانتۆڵ

τζιν παντελόνι

پانتۆڵ

φούστα

دامەن، تەنوورە

μπλούζα

کراس

πουκάμισο

کراس

πουλόβερ

بلووز

πουλόβερ

بلووز

σακάκι

چاکەت

μπουφάν

چاکەت

παλτό

باڵتە

αδιάβροχο πανωφόρι

بارانی

κοστούμι

پۆشاک

φόρεμα

کراسی ژنانە

νυφικό

جلی زەماوەند

κοστούμι

چاکەت و پانتۆڵ

νυχτικό

جلی خەو

πιτζάμες

جلی خەو

σάρι

ساری

μαντήλι

لەچەک

τουρμπάνι

جەمەدانە، سەرپێچ

μπούρκα

بۆرکا

καφτάνι

کەفتان

μουσουλμανικό ένδυμα

عەبیا

ολόσωμο μαγιό

جل و بەرگی مەلەکردن

ανδρικό μαγιό

پانتۆڵی مەلە

σορτς

پانتۆڵی کورت

αθλητική φόρμα

جلوبەرگی ڕاهێنان

ποδιά

بەروانکە، بەرکوشە

γάντια

دەستەوانە

κουμπί

دوگمه

γυαλιά

چاویلکه

βραχιόλι

بازند

περιδέραιο

ملوانکه

δαχτυλίδι

نمنگوستیله

σκουλαρίκι

گواره

καπέλο

کڵاو

κρεμάστρα

داری جل هڵواسین

καπέλο

کڵاو

γραβάτα

بۆینباخ

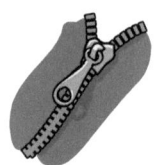

φερμουάρ

زیپ

κράνος

کڵاوی پاریزهر

τιράντες

هدلگر

μαθητική στολή

جلی قوتابخانه

στολή

یەکپۆش

σαλιάρα

بەرلیکە، بەرکۆشی مندال

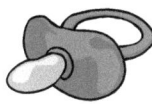

πιπίλα

مەمکە مژە

πάνα

دایپی، پەڕۆشۆر

γραφείο

نووسینگە، فەرمانگە

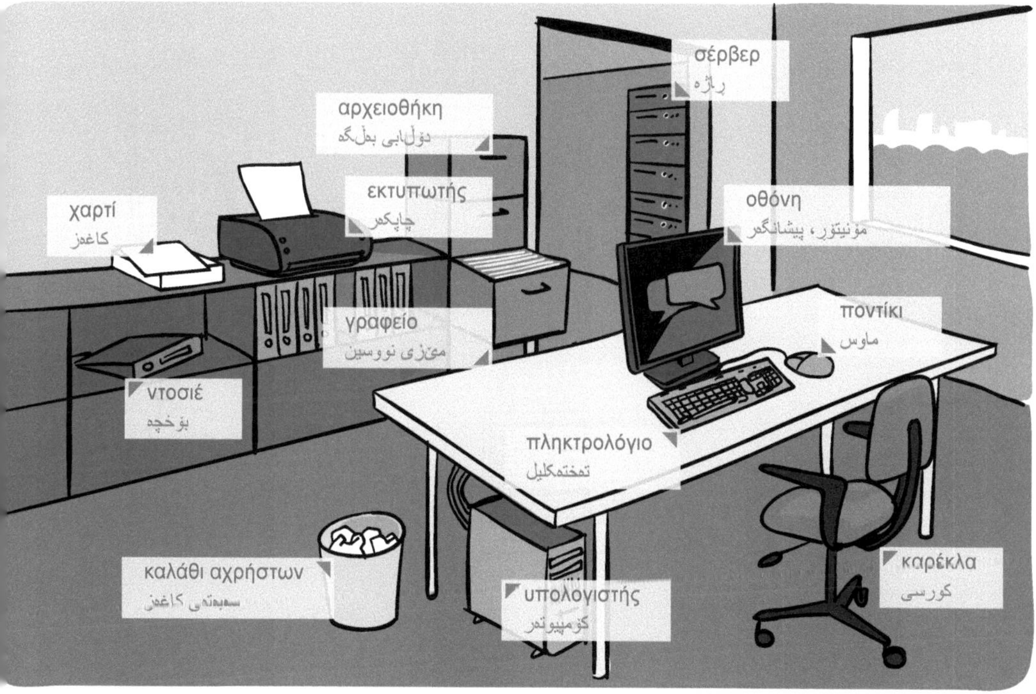

σέρβερ
ڕاژە

αρχειοθήκη
دۆلابی بەلگە

εκτυπωτής
چاپکەر

χαρτί
کاغەز

οθόνη
مۆنیتۆر، پیشانگەر

ποντίκι
ماوس

γραφείο
مێزی نووسین

ντοσιέ
بۆخچە

πληκτρολόγιο
تەختەکلیل

καλάθι αχρήστων
سەبەتەی کاغەز

υπολογιστής
کۆمپیوتەر

καρέκλα
کورسی

κούπα του καφέ

کۆپی قاوە

κομπιουτεράκι

ژمێرەر

ίντερνετ

ئینتەرنێت

λάπτοπ

لەپتۆپ

γράμμα

نامە

μήνυμα

پەیام

κινητό

موبایل، تەلەفۆنی دەست

δίκτυο

تۆڕ

φωτοτυπικό μηχάνημα

نامیلەی لەبەرگرتنەوە، کۆپیکەر

λογισμικό

نەرمەکاڵا

τηλέφωνο

تەلەفۆن

πρίζα

ساکێتی دووشاخە

συσκευή φαξ

نامیلەی فەمکس

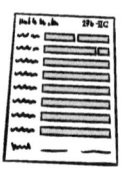

έντυπο

فۆرم

έγγραφο

بەڵگە

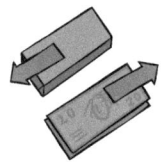

αγοράζω

كرين

πληρώνω

پاره‌دان

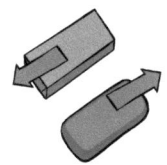

συναλλάσσομαι

بازرگانى، ئالوگورركردن

χρήματα

پاره، دراو

δολάριο

دۆلار

ευρώ

يۆرۆ

γιεν

يەن

ρούβλι

روبلى رووسى

ελβετικό φράγκο

فرانكى سويسى

ρενμίνμπι γιουάν

يوان، يەكەى دراوى چينى

ρουπία

رووپيە

ATM (αυτόματη ταμειακή μηχανή)

مەكينەى پاره

ανταλλακτήρια
συναλλάγματος

نووسینگمی گۆڕینهودی دراو

χρυσός

زێڕ

ασήμι

زیو

πετρέλαιο

نهوت

ενέργεια

وزه

τιμή

بهها، نرخ

συμβόλαιο

ری‌کهوتننامه

φόρος

باج

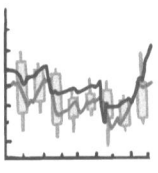

μετοχή

سههام

δουλεύω

کارکردن

υπάλληλος

کارمهند، کارکهر

εργοδότης

خاوهنکار

εργοστάσιο

کارخانه

κατάστημα

دووکان

επαγγέλματα

ئیشەکان

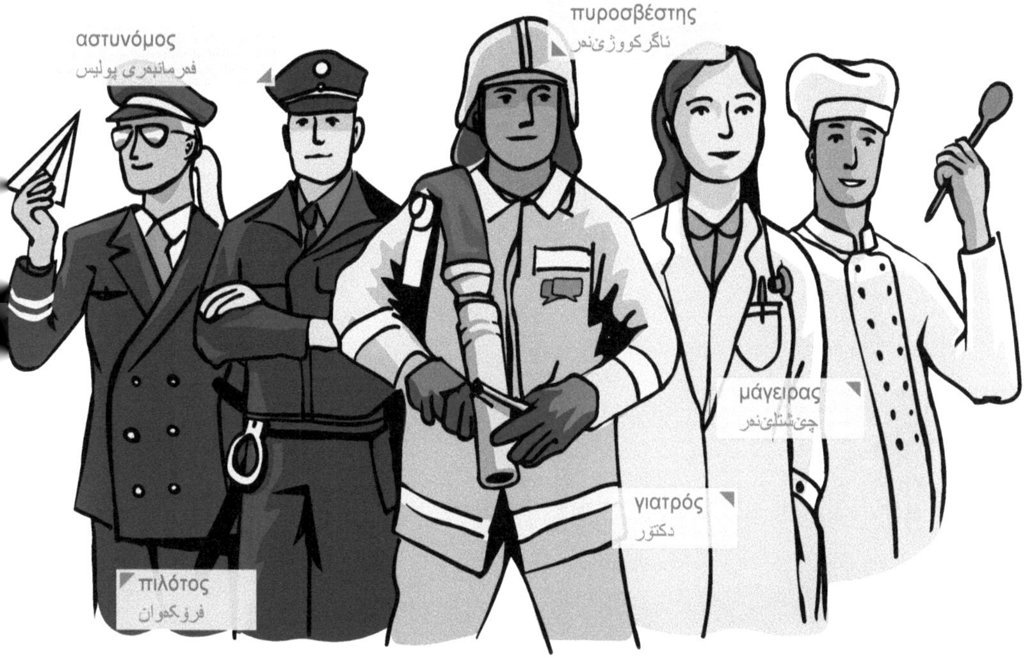

αστυνόμος
فەرمانبەری پۆلیس
πυροσβέστης
ئاگرکووژێنەر
μάγειρας
چێشتلێنەر
γιατρός
دکتۆر
πιλότος
فڕۆکەوان

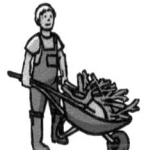

κηπουρός

باخەوان

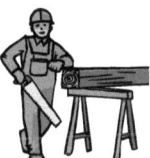

ξυλουργός

دارتاش، مەرەنگوێز

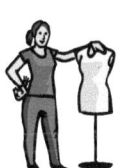

μοδίστρα

خەییات

δικαστής

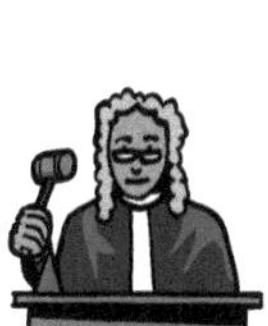

دادوەر

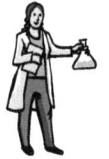

χημικός

کیمیازان

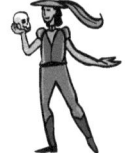

ηθοποιός

شانۆگەر، شانۆکار

οδηγός λεωφορείου

شۆفیری پاس

ταξιτζής

شۆفیر تاکسی

ψαράς

ماسیگر

καθαρίστρια

کلفت

τεχνίτης στεγών

وهستای سهربان

σερβιτόρος

خزمهتکار

κυνηγός

ڕاوچی

ζωγράφος

بۆیاخچی

αρτοποιός

نانکهر

ηλεκτρολόγος

کارهباچی

οικοδόμος

بهننا

μηχανολόγος

نهقازیار

κρεοπώλης

قهساب

υδραυλικός

وهستای بۆری

ταχυδρόμος

پۆستهچی

στρατιώτης

سرباز

αρχιτέκτονας

نقشه‌کش

ταμίας

ژمیریار، خەزمەندار

ανθοπώλης

گۆڵفرۆش

κομμωτής

نار ایشگمر

ελεγκτής εισιτηρίων

گەیچینەر

μηχανικός

میکانیک

καπετάνιος

کەشتیوان

οδοντίατρος

ددانساز، دوکتۆری ددان

επιστήμονας

زانا

ραβίνος

مەلای جوولمکان

ιμάμης

ئیمام

μοναχός

کەسی ئایینی

ιερέας

قەشە

εργαλεία

ئامراز و کەرەستە

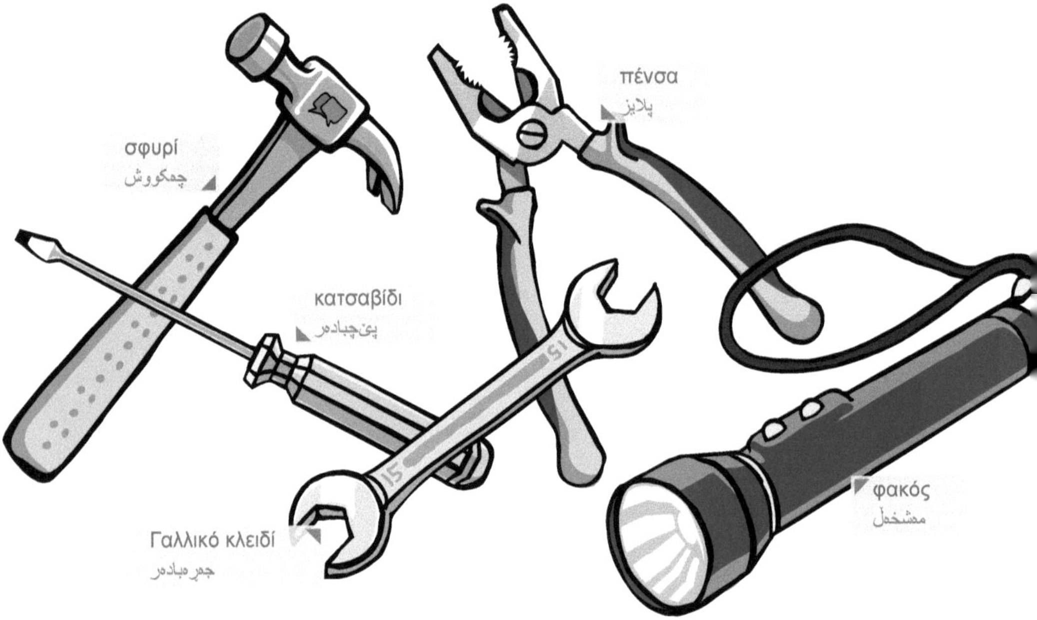
πένσα
پلایز
σφυρί
چەکووش
κατσαβίδι
پێچبادەر
φακός
مەشخەڵ
Γαλλικό κλειδί
جەرەبادەر

εκσκαφέας

شۆفڵ

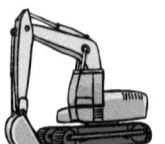

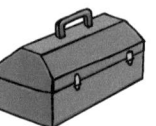

εργαλειοθήκη

سندووقی ئامراز

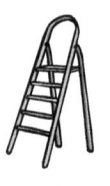

σκάλα

پەیژە

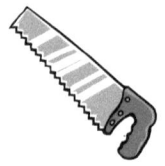

πριόνι

مشار

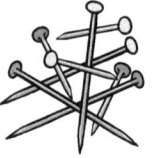

καρφιά

بزمارەکان

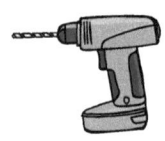

τρυπάνι

کونکەرە

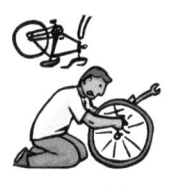

επισκευάζω

چاککردنەوە

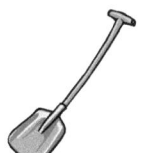

φτυάρι

پێمەڕە

Να πάρει!

نەفرەت!

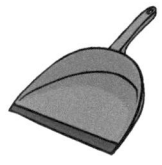

φαράσι

خاکەناز

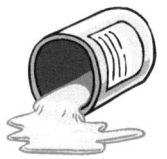

δοχείο χρωμάτων

قتووی بۆیاخ

βίδες

پێچەکان، جەرەکان

μουσικά όργανα

ئامێرەکانی مووزیک

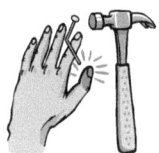

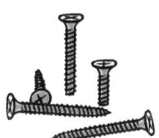

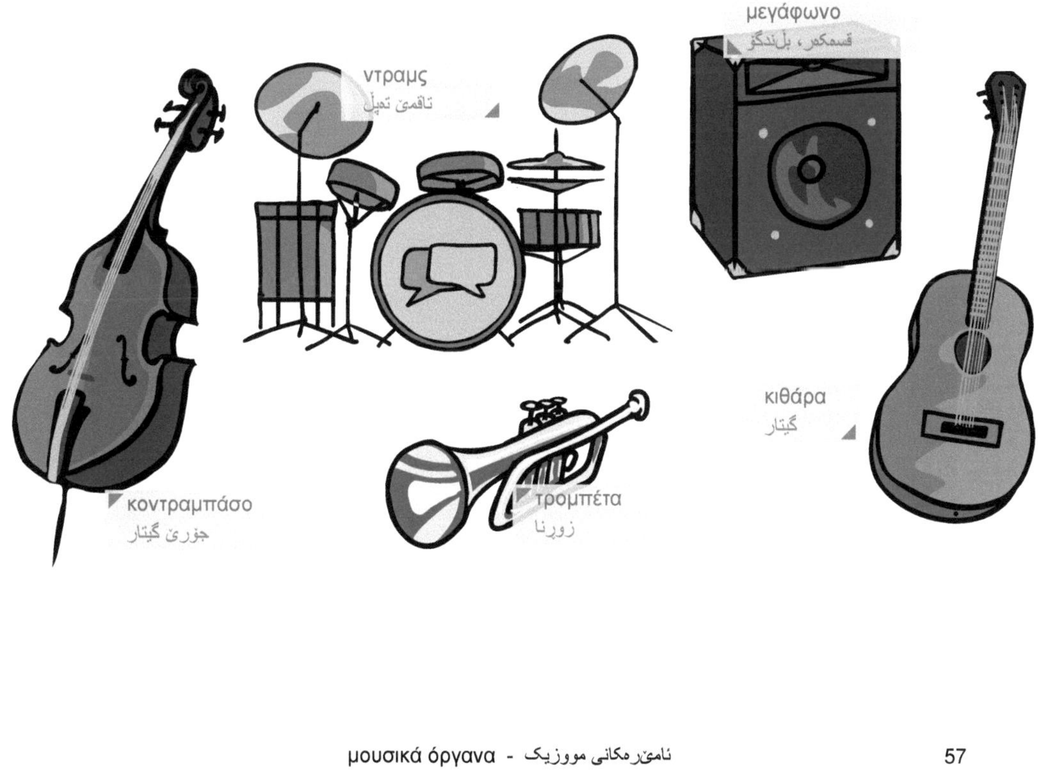

μεγάφωνο
قسەکەر، بڵندگۆ
ντραμς
تاقمێ تەپڵ
κιθάρα
گیتار
κοντραμπάσο
جۆرێ گیتار
τρομπέτα
زوڕنا

πιάνο

پیانو

βιολί

کەمانچە

μπάσο

گیتار

τύμπανα

دەهۆڵ

τύμπανο

تەپڵ

πλήκτρα

تەختەکلیل

σαξόφωνο

ساکسافۆن

φλάουτο

فلووت، شمشاڵ

μικρόφωνο

مایکرۆفۆن

τίγρης
پڵینگ

κλουβί
قەفەز

ζέβρα
کەرمکێوی

είσοδος
ناقدمر، دەروازە

ζωοτροφή
خواردنی ئاژەڵان

πάντα
ورچی پاندا

ζώα

ناژەڵەمکان

ελέφαντας

فیل

καγκουρό

کانگۆرۆ

ρινόκερος

کەرکەدەن

γορίλας

گۆریلا

αρκούδα

ورچ

καμήλα

وشتر

στρουθοκάμηλος

وشترمريشک

λιοντάρι

شێر

πίθηκος

مه‌یمون

φλαμίνγκο

فلامینگۆ

παπαγάλος

تووتی

πολική αρκούδα

ورچی جه‌مسه‌ری

πιγκουίνος

پوێنگوین

καρχαρίας

قرش، سه‌گه‌ماسی

παγώνι

تاووس

φίδι

مار

κροκόδειλος

تیمساح

φύλακας ζωολογικού κήπου

پاریزه‌ری باخچه‌ی ئاژه‌ڵان

φώκια

سه‌گی ده‌ریایی

τζάγκουαρ

پلێنگ

πόνυ

نصسپی قمزمم

λεοπάρδαλη

پشيلەی پلينگی

ιπποπόταμος

نصسپی ناوی

καμηλοπάρδαλη

زمرافه

αετός

ھەلۆ

αγριογούρουνο

بەرازی کێوی

ψάρι

ماسی

χελώνα

کیسەڵ

θαλάσσιος ίππος

والرِاس، ئاژەڵێکی دەریایی

αλεπού

ڕێوی

γαζέλα

ناسک

Αμερικάνικο ποδόσφαιρο
فووتبۆلی ئەمریکی

ποδηλασία
دووچەرخەسوواری

αντισφαίριση
تۆنیس

μπάσκετ
تۆپی باسکە

κολύμβηση
مەلەکردن

πυγμαχία
بۆکسین

χόκεϊ επί πάγου
هۆکی سەر سەهۆڵ

ποδόσφαιρο
....
فووتبۆل

μπάντμιντον
....
بەدمینتۆن

στίβος
....
وەرزشوان

χάντμπολ
....
هەندبال

σκι
....
خلیسکین

πόλο
....
پۆلۆ

δραστηριότητες

چالاکیەکان

γελάω
پێکەنین
πηδάω
بازکردن
αγκαλιάζω
لەباوەشگرتن، لەئامێزگرتن
περπατάω
بەڕێداڕۆیشتن، پیاسەکردن
τραγουδάω
گۆرانی خوێندن
ονειρεύομαι
خەون دیتن، خەون بینین
προσεύχομαι
پاڕانەوە، نوێژکردن
φιλάω
ماچکردن

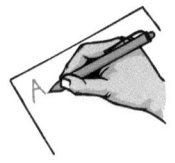

γράφω

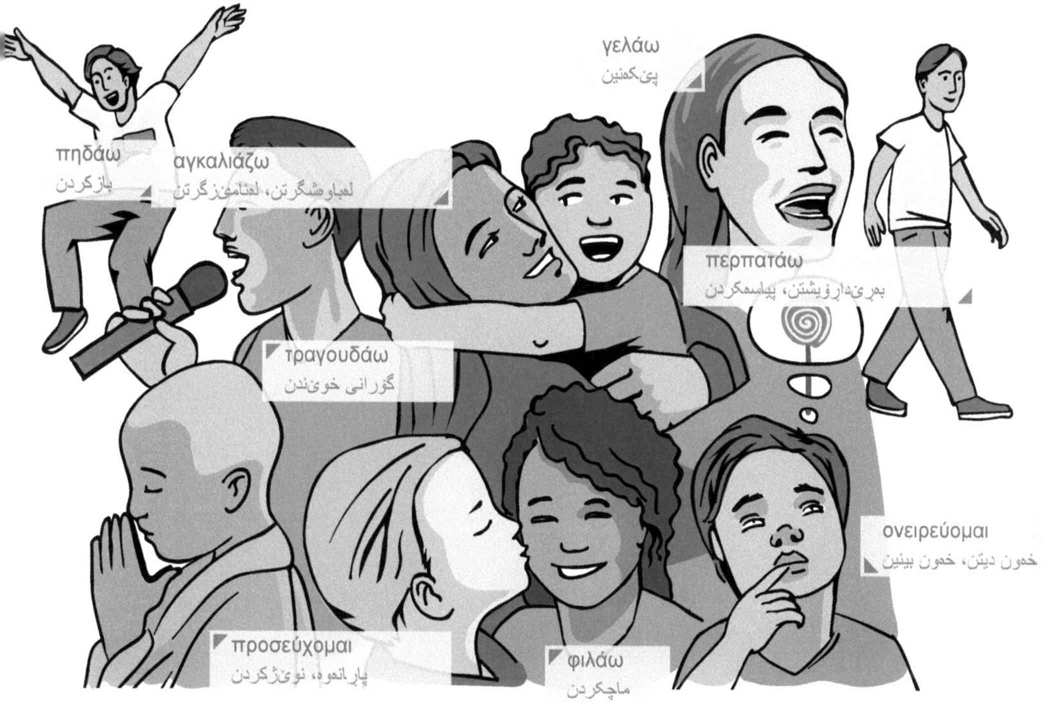

نووسین

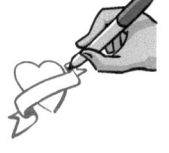

σχεδιάζω

وێنەکێشان

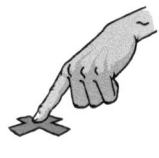

δείχνω

نیشاندان

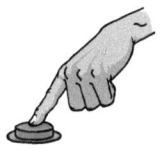

πιέζω

پاڵ پێوەنان

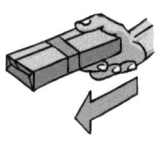

δίνω

دان

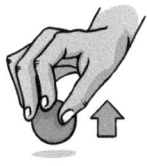

παίρνω

هەڵگرتن

έχω

هەبوون

κάνω

کردن

είμαι

بوون

στέκομαι

ڕاوەستان

τρέχω

هەڵاتن

τραβάω

کێشان

ρίχνω

هاویشتن

πέφτω

کەوتن

ξαπλώνω

درۆکردن

περιμένω

چاوەڕێبوون

κουβαλώ

هەڵگرتن

κάθομαι

دانیشتن

φοράω

جل لەبەرکردن

κοιμάμαι

خەوتن

ξυπνάω

لەخەو هەستان

κοιτάω

چاولێکردن

κλαίω

گریان

χαϊδεύω

جهڵتهلێدان

χτενίζω

قژداهێنان، شانهکردن

μιλάω

قسهکردن

καταλαβαίνω

تێگهیشتن

ρωτάω

پرسیارکردن، پرسین

ακούω

گوێڕاگرتن

πίνω

خواردنهوه

τρώω

خواردن

συγυρίζω

ڕێکوپێک کردن

αγαπάω

خۆشویستن

μαγειρεύω

چێش لێنان

οδηγώ

شۆفێری کردن

πετάω

فڕین

κάνω ιστιοπλοΐα

کەشتیوانی

υπολογίζω

حساب‌کردن، ژماردن

διαβάζω

خوێندنەوە

μαθαίνω

فێربوون

δουλεύω

کارکردن

παντρεύομαι

زەماوەندکردن

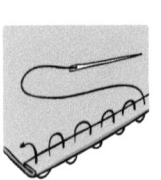

ράβω

دورین، دورومانکردن

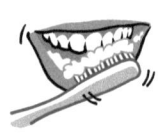

βουρτσίζω τα δόντια

فڵچە لەھددان دان

σκοτώνω

کوشتن

καπνίζω

جگەرەمکێشان

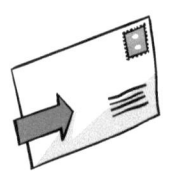

στέλνω

ناردن

οικογένεια

بنەماڵە

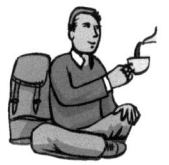

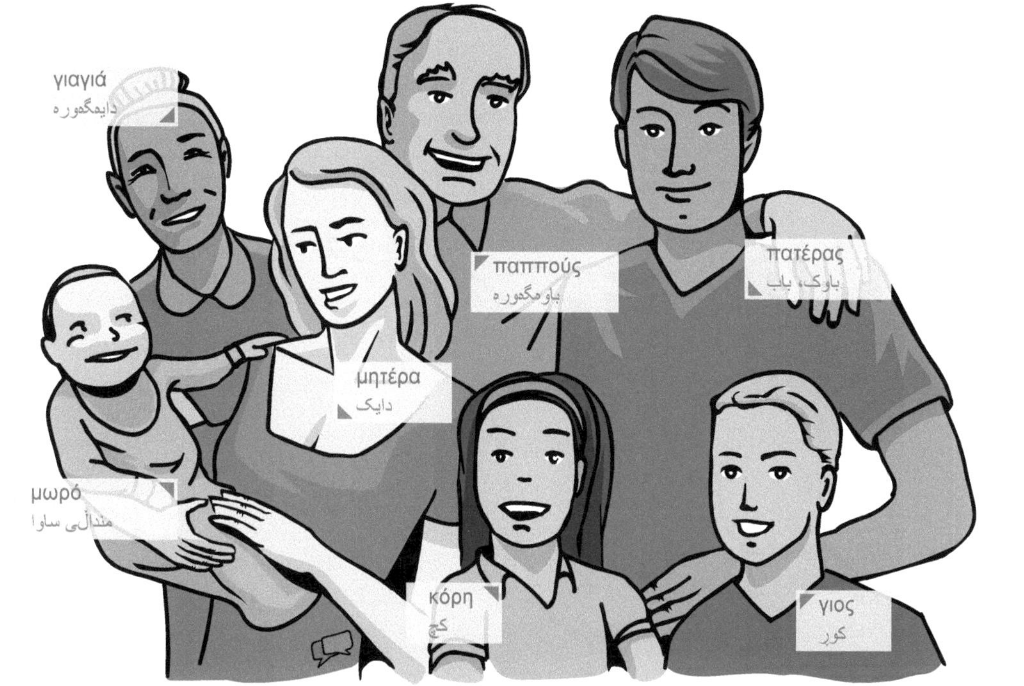

γιαγιά
دایەگەورە
παππούς
باوەگەورە
πατέρας
باوک، باب
μητέρα
دایک
μωρό
منداڵی ساوا
κόρη
کچ
γιος
کوڕ

καλεσμένος

میوان

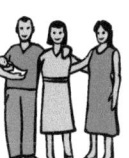

θεία

پوور

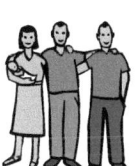

θείος

مام، خاڵ

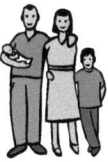

αδελφός

برا

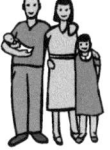

αδελφή

خوشک

σώμα

جەستە، لەش

μέτωπο
ناوچاوان، تویَڵ
μάτι
چاو
ώμος
شان
δάχτυλο
قامک
πρόσωπο
دەموچاو، ڕوومەت
πιγούνι
چەنە
χέρι
دەست
πόδι
لاق
στήθος
سنگ
βραχίονας
باسک، قۆڵ

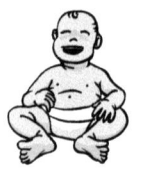

μωρό

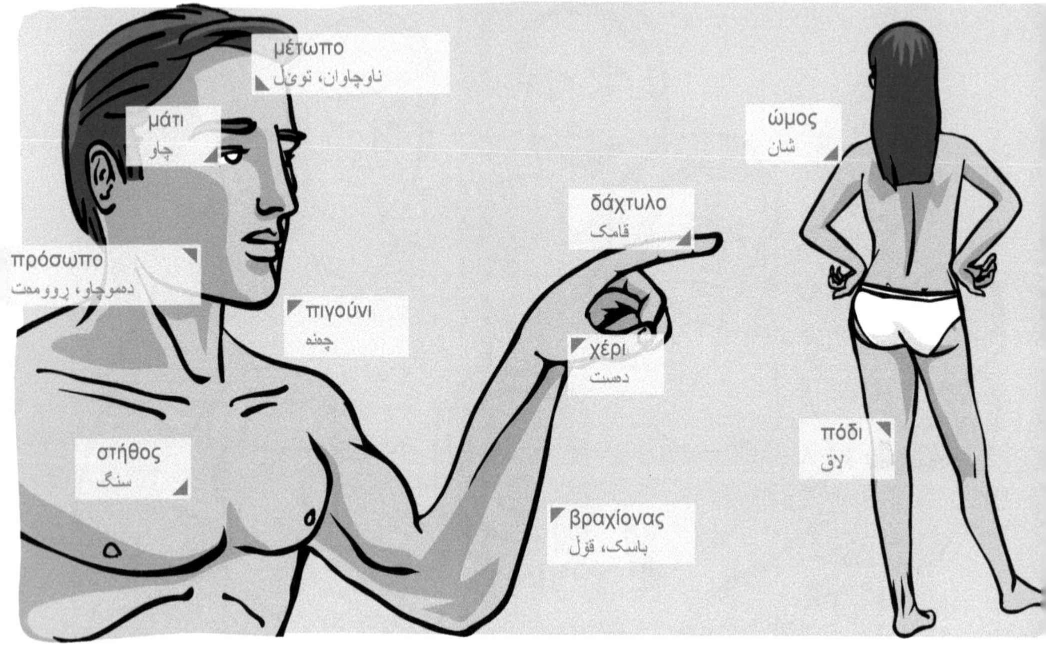

منداڵی ساوا

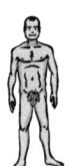

άνδρας

پیاو

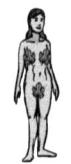

γυναίκα

ژن

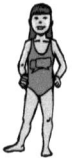

κορίτσι

کچ

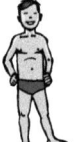

αγόρι

کوڕ

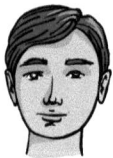

κεφάλι

سەر

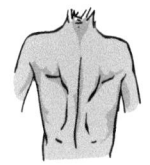

πλάτη

پشت

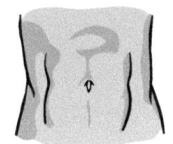

κοιλιά

زگ

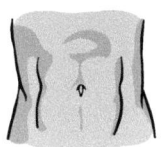

αφαλός

ناوک

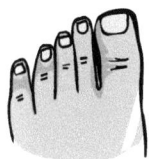

δάχτυλο ποδιού

قامکی پێ

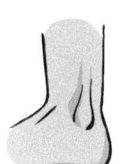

φτέρνα

پاژنەی پێ

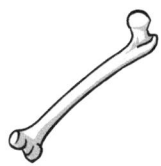

κόκκαλο

ئێسقان، ئێسک

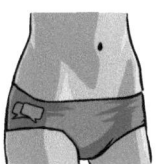

γοφός

سمت

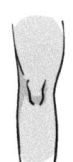

γόνατο

ئەژنۆ

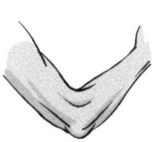

αγκώνας

ئانیشک

μύτη

لووت

γλουτός

قوون

δέρμα

پێست

μάγουλο

گۆپ

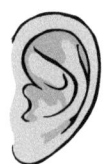

αυτί

گوێ

χείλος

لێو

σώμα - لەش، جەستە   69

στόμα

دهم، زار

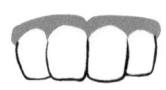

δόντι

ددان

γλώσσα

زمان

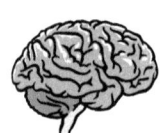

εγκέφαλος

مێشک

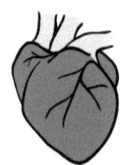

καρδιά

دل

μυς

ماسوولەکه

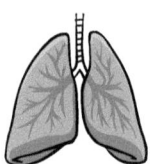

πνεύμονας

سییەلاک، سی

συκώτι

جەرگ

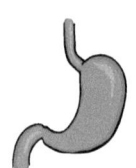

στομάχι

گەدە

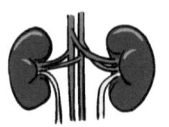

νεφρά

گورچیلە

σεξουαλική επαφή

سێکس

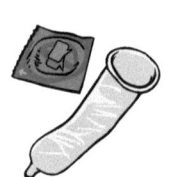

προφυλακτικό

کۆندۆم

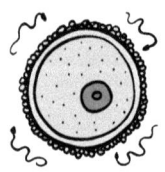

ωάριο

توو، گەرا

σπέρμα

توو

εγκυμοσύνη

دووگیانی

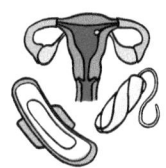

περίοδος

کدوتنه سهر خوین

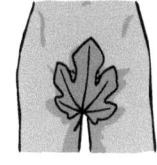

γυναικείος κόλπος

زئ

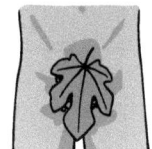

πέος

کئر

φρύδι

برۆ

μαλλιά

قژ

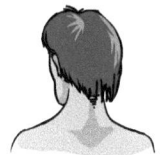

λαιμός

مل

νοσοκομείο

نەخۆشخانە، خەستەخانە

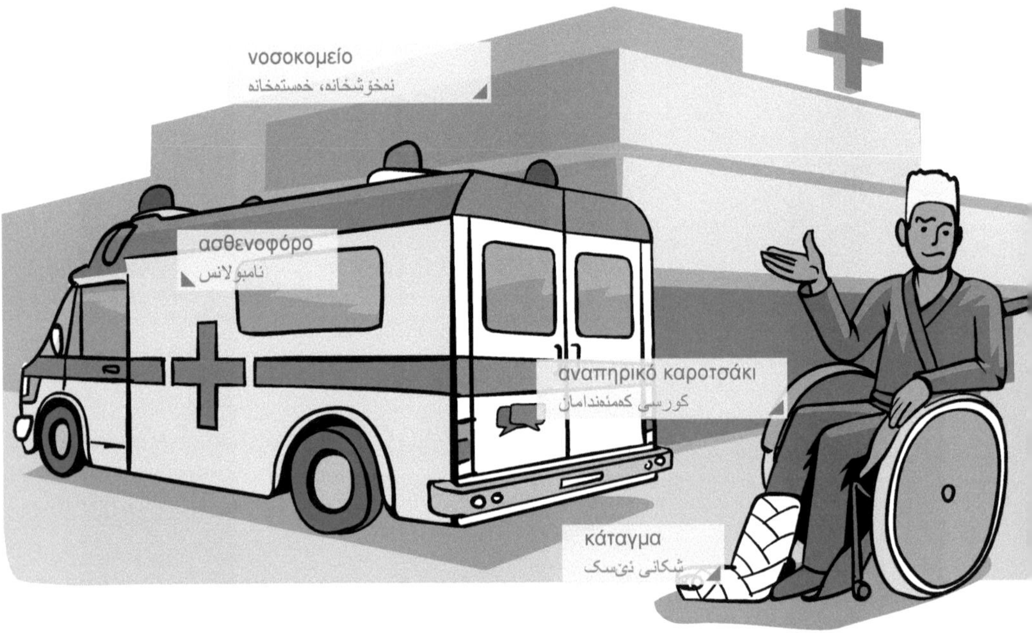

νοσοκομείο
نەخۆشخانە، خەستەخانە
ασθενοφόρο
ئامبولانس
αναπηρικό καροτσάκι
کورسی کەمئەندامان
κάταγμα
شکانی ئێسک

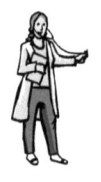

γιατρός

دکتۆر

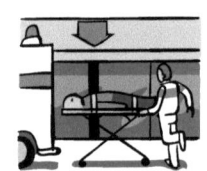

μονάδα εντατικής θεραπείας

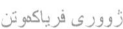

ژووری فریاکەوتن

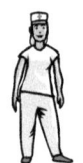

νοσοκόμα

نەخۆشوان

έκτακτη ανάγκη

ئورژانس، بەشی فریاکەوتن

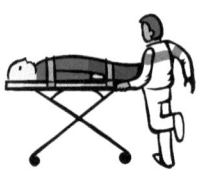

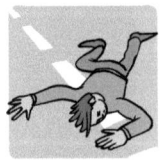

λιπόθυμος

بێهۆش

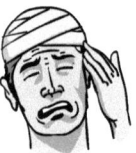

πόνος

ژان، ئێش

τραύμα

برینداری

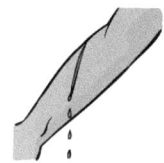

αιμορραγία

خوێنبەڕژی

έμφραγμα

جەڵتەمى دڵ

εγκεφαλικό

جەڵتە

αλλεργία

ئاللێرژی، هەستیاری

βήχας

کۆخد

πυρετός

تا

γρίππη

ئەنفلۆنزا

διάρροια

زگچوون

πονοκέφαλος

سەرێشە، ژانەسەر

κυρκίνυς

سەرەتان

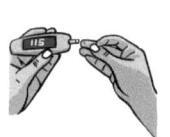

διαβήτης

شمکرە

χειρουργός

نەشتەرگەر

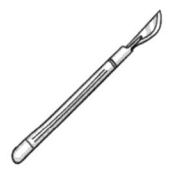

νυστέρι

نەشتەر ، چەقۆی تووێنکاری

εγχείρηση

نەشتەرگەری

αξονική τομογραφία

CT

تیشکی ئێن‌کس

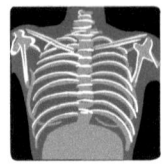

ακτινογραφία

تیشکی ئێن‌کس

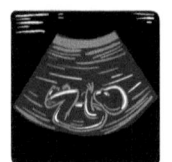

υπέρηχος

ئۆڵتراساوند

μάσκα

ماسکی ڕوومەت

ασθένεια

نەخۆشی

αίθουσα αναμονής

ژووری چاوەڕی‌بوون

πατερίτσα

گۆچان

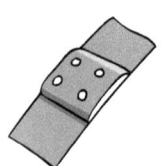

χάνσαπλαστ

مشمما

επίδεσμος

برین پێچ

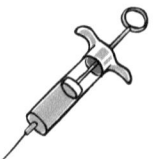

ένεση

دەرزی لێدان

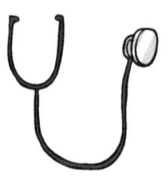

στηθοσκόπιο

بیستۆکی پزیشک

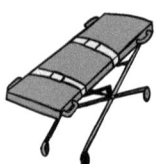

φορείο

داریەست

θερμόμετρο

گەرمامپێوی کلینیکی

γέννηση

لەدایکبوون

υπέρβαρο

زیادەکێش/قەڵەوبیی

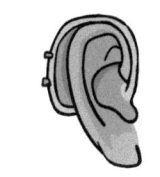

ακουστικό βαρηκοΐας

بیستۆک

αντισηπτικό

میکرۆبکوژ

λοίμωξη

چلک

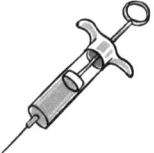

ιός

ویروس

HIV/AIDS

ئەیدز

φάρμακο

دەرمان

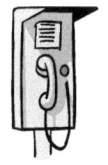

εμβολιασμός

کوتان

δισκία

حەب

χάπι

حەب

κλήση έκτακτης ανάγκης

تەلەفۆنی فریاکەوتن

πιεσόμετρο αίματος

پێشانگەری پەستانی خوێن

άρρωστος / υγιής

نەخۆش / سڵامەت

Βοήθεια!

یارمەتی!

συναγερμός

ناگاداركردنەوە، نەدلارم

βιαιοπραγία

دەستدرێژی

επίθεση

هێرشکردن

κίνδυνος

مەترسی

έξοδος κινδύνου

چوونەدەرەوەی ئورژانس

Φωτιά!

ناگر!

πυροσβεστήρας

ناگرکوژێنەوە

ατύχημα

رووداو، پێشهات

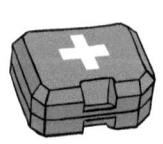

κουτί πρώτων βοηθειών

قوتووی یارمەتی فریاکەوتن

SOS

SOS

αστυνομία

پۆلیس

Ευρώπη

ئەورۆپا

Βόρεια Αμερική

ئەمریکای باکوور

Νότια Αμερική

ئەمریکای باشوور

Αφρική

ئافریقا

Ασία

ئاسیا

Αυστραλία

ئوسترالیا

Ατλαντικός Ωκεανός

ئەتڵەسی، ئۆقیانووسی ئەتڵەسی

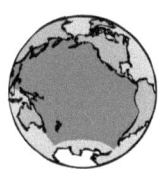

Ειρηνικός Ωκεανός

زەریای هێمن

Ινδικός Ωκεανός

ئۆقیانووسی هیندی

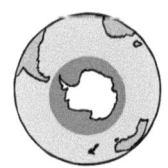

Ανταρκτικός Ωκεανός

ئۆقیانووسی جەمسەری باشوور

Αρκτικός Ωκεανός

ئۆقیانووسی جەمسەری باکوور

Βόρειος Πόλος

جەمسەری باکوور

Νότιος Πόλος

جەمسەرى باشوور

Ανταρκτική

ناوچەى جەمسەرى باشوور

Γη

نەرز، زەوى

γη

خاک، وشکانى

θάλασσα

دەریا، زەریا

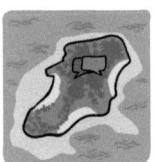

νησί

دوورگە

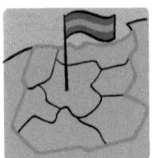

έθνος

گەل، نەتەوە

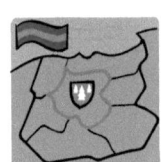

πολιτεία

وڵات، پارێزگا، دەوڵەت

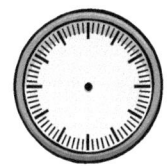

κcaντράν ρολογιού

روخساری کاتژمێر

ωροδείκτης

نیشاندهری کاتژمێر

λεπτοδείκτης

نیشاندەری خولەک

δείκτης δευτερολέπτων

دهستی دوو

Τι ώρα είναι;

کاتژمێر چەندە؟، سەعات چەندە؟

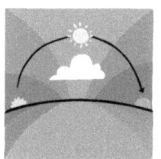

ημέρα

ڕۆژ

χρόνος

کات، زەمان

τώρα

ئێستا، هەنووکە

ψηφιακό ρολόι

کاتژمێری دیجیتاڵی

λεπτό

خولەک

ώρα

کاتژمێر

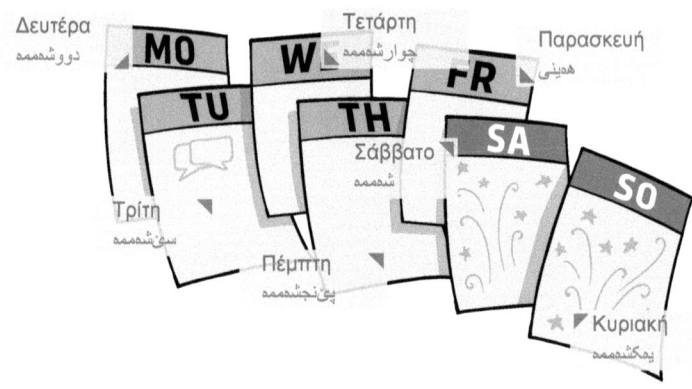

Δευτέρα
دووشەممە

Τετάρτη
چوارشەممە

Παρασκευή
هەینی

Τρίτη
سێشەممە

Σάββατο
شەممە

Πέμπτη
پێنجشەممە

Κυριακή
یەکشەممە

χθες

دوێنێ

σήμερα

ئەمرۆ، ئەورۆ

αύριο

سبەینێ

πρωί

بەیانی

μεσημέρι

نیوەرۆ

βράδυ

ئێوارە

MO	TU	WE	TH	FR	SA	SU
1	2	3	4	5	6	7
8	9	10	11	12	13	14
15	16	17	18	19	20	21
22	23	24	25	26	27	28
29	30	31	1	2	3	4

εργάσιμες ημέρες

ڕۆژی کار

MO	TU	WE	TH	FR	SA	SU
1	2	3	4	5	6	7
8	9	10	11	12	13	14
15	16	17	18	19	20	21
22	23	24	25	26	27	28
29	30	31	1	2	3	4

Σαββατοκύριακο

کۆتایی هەفتە

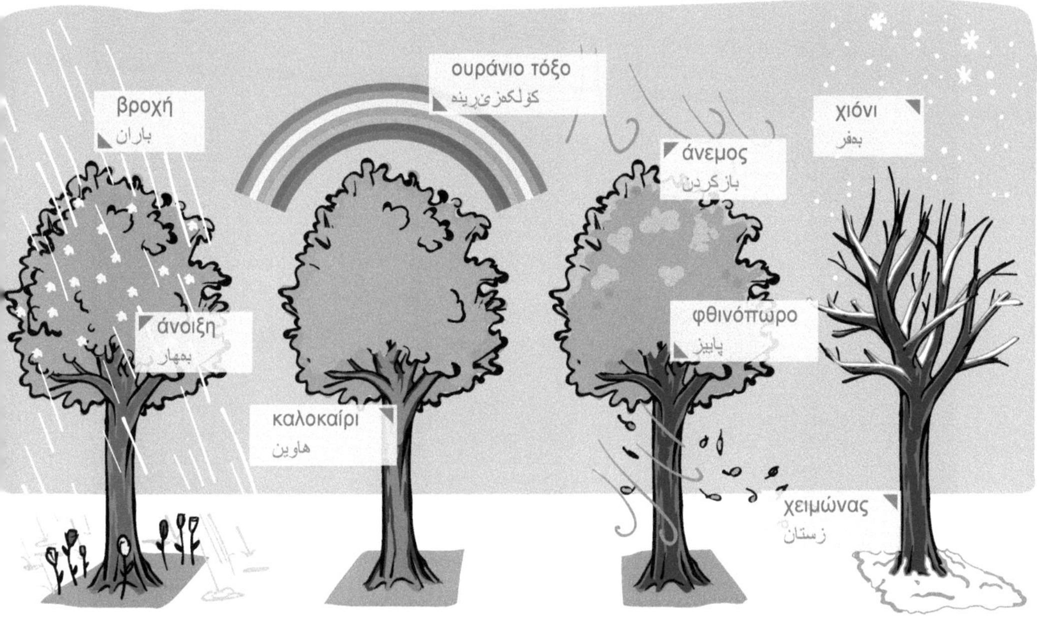

βροχή
باران
ουράνιο τόξο
کۆلکەزێڕینە
άνεμος
بازکردن
χιόνι
بەفر
άνοιξη
بەهار
καλοκαίρι
هاوین
φθινόπωρο
پاییز
χειμώνας
زستان

4.APRIL 11°
5.APRIL 4°
6.APRIL 13°
7.APRIL 8°
8.APRIL 10°

πρόγνωση καιρού
....
پێشبینی هەوا

F C
120 40
90 30
60 20
30 10
0 0
-30 -10
-20

θερμόμετρο
....
گەرماپێو

λιακάδα
....
خۆرەتاو

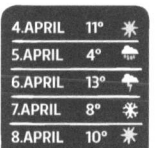

σύννεφο
....
هەور

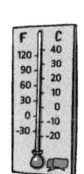

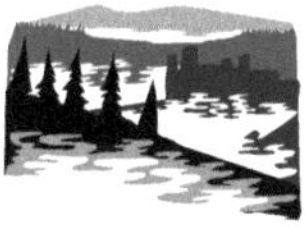

ομίχλη
....
تەمومژ

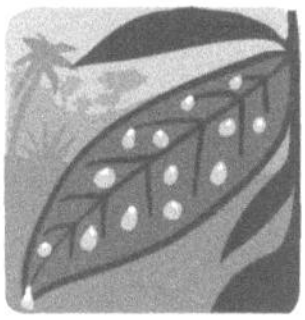

υγρασία
....
تەڕایی

αστραπή

همورەتریشقە، بروسکە

κεραυνός

همورەمگرمە

καταιγίδα

باوبۆران، تۆفان

χαλάζι

تەرزە

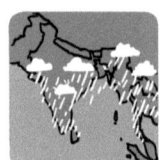

μουσώνας

مانسوون

πλημμύρα

لافاو

πάγος

سەهۆڵ

Ιανουάριος

جانیوەمەری

Φεβρουάριος

فێبریوەری

Μάρτιος

مارچ

Απρίλιος

نەیپریل

Μάιος

مەی

Ιούνιος

جوون

Ιούλιος

جوولای

Αύγουστος

ئۆگۆست

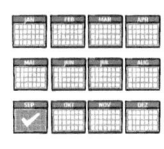

Σεπτέμβριος

سێپتێمبهر

Οκτώβριος

ئۆكتۆبهر

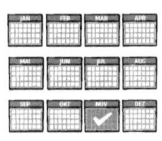

Νοέμβριος

نۆڤهمبهر

Δεκέμβριος

دێسهمبهر

σχήματα
شێوهیومهكان

κύκλος

بازنه

τετράγωνο

چوارگۆشه

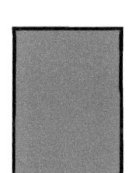

ορθογώνιο
παραλληλόγραμμο

چوارگۆشهی درێژ

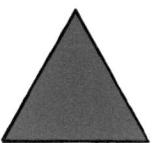

τρίγωνο

سێگۆشه

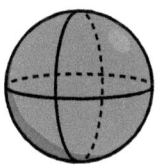

σφαίρα

تۆپ، گۆ

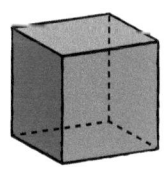

κύβος

خشتهك

άσπρο

سپی

κίτρινο

زەرد

πορτοκαλί

پرتەقاڵیی

ροζ

پەمەیی

κόκκινο

سوور

μωβ

بنەوش

μπλε

شین

πράσινο

سەوز

καφέ

قاوەیی

γκρι

بۆر

μαύρο

ڕەش

πολύ / λίγο

زۆر / کەم

θυμωμένος / ήρεμος

تووڕە / لەسەرەخۆ

όμορφος / άσχημος

جوان / ناجۆز

αρχή / τέλος

سەرەتا / کۆتایی

μεγάλος / μικρός

گەورە / چکۆڵە

φωτεινός / σκοτεινός

رووناک / تاریک

αδελφός / αδελφή

برا / خوشک

καθαρός / λερωμένος

خاوێن / چڵکن

πλήρης / ατελής

تەواو / ناتەواو

ημέρα / νύχτα

ڕۆژ / شەو

νεκρός / ζωντανός

مردوو / زیندوو

φαρδύς / στενός

پان / تەنگ

βρώσιμος / μη βρώσιμος

خوش / ناخوش

κακός / ευγενικός

نمگریس / بەبەزەیی

ενθουσιασμένος / βαριεστημένος

وروژاو / بێزار

παχύς / λεπτός

قەلەو / لاواز

πρώτος / τελευταίος

یەکەم / ئاخر

φίλος / εχθρός

دۆست / دوژمن

γεμάτος / άδειος

پڕ / خاڵی

σκληρός / μαλακός

ڕەق / نەرم

βαρύς / ελαφρύς

قورس / سووک

πείνα / δίψα

برسی / توونی

άρρωστος / υγιής

نەخۆش / سڵامەت

παράνομος / νόμιμος

نایاسایی / یاسایی

έξυπνος / χαζός

زیرەک / گەمژه

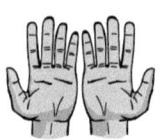

αριστερός / δεξιός

چەپ / ڕاست

κοντινός / μακρινός

نزیک / دوور

καινούριος /
μεταχειρισμένος

نوی / کۆن، بمکارهاتوو

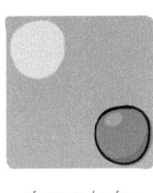

τίποτα / κάτι

هیچ شتێک / شتێک

γέρος | νέος

پیر / لاو

αναμμένος / σβηστός

هەڵکراو / کوژاوه

ανοιχτός / κλειστός

کراوه / داخراو

χαμηλόφωνος /
μεγαλόφωνος

بێ‌دەنگ / دەنگی بەرز

πλούσιος / φτωχός

دەوڵەمەند / هەژار

σωστός / λανθασμένος

راست / هەڵه

τραχύς / λείος

زبر / ساف

λυπημένος / χαρούμενος

خەمین / خۆشحال

κοντός / μακρύς

کورت / درێژ

αργός / γρήγορος

هێواش / خێرا

υγρός / στεγνός

تەڕ / وشک

ζεστός / δροσερός

گەرم / فێنک

πόλεμος / ειρήνη

شەڕ / ئاشتی

0	1	2
μηδέν	ένα	δύο
سیفر	یەک	دوو

3	4	5
τρία	τέσσερα	πέντε
سێ	چوار	پێنج

6	7	8
έξι	εφτά	οκτώ
شەش	حەوت	هەشت

9	10	11
εννιά	δέκα	έντεκα
نۆ	دە	یازده

12

δώδεκα

دوازده

13

δεκατρία

سیزده

14

δεκατέσσερα

چهارده

15

δεκαπέντε

پازده، پانزه

16

δεκαέξι

شازده

17

δεκαεφτά

حهفده

18

δεκαοκτώ

هوژده

19

δεκαεννέα

نۆزده

20

είκοσι

بیست

100

εκατό

سەد

1.000

χίλια

هزار

1.000.000

εκατομμύριο

میلیۆن

Αγγλικά

ئینگلیزی

Αμερικάνικα Αγγλικά

ئینگلیزی ئەمەریکی

Μανδαρίνικα Κινέζικα

چینی ماندارین

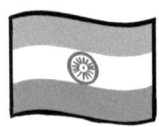

Χίντι

هیندی

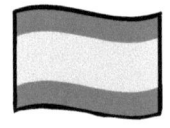

Ισπανικά

ئیسپانی

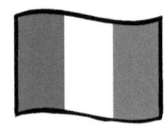

Γαλλικά

فەرەنسی

Αραβικά

عەرەبی

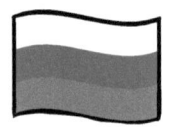

Ρώσικα

رووسی

Πορτογαλικά

پۆرتوگالی

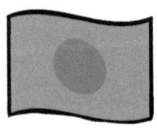

Μπενγκάλι

بەنگالی

Γερμανικά

ئاڵمانی

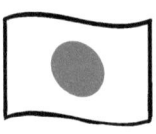

Ιαπωνικά

ژاپۆنی

εγώ

من

εσύ

تۆ

αυτός / αυτή / αυτό

ئەو

εμείς

ئێمە

εσείς

ئێوه

αυτοί / αυτές / αυτά

ئەوان

ποιος / ποια / ποιο;

کێ؟

τι;

چی؟

πώς;

چۆن؟

πού;

لەکوێ؟

πότε;

کەنگێ؟ کەی؟

όνομα

ناو

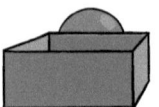

πίσω

لەپشت

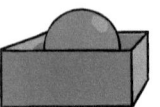

μέσα

لە

μπροστά

لەپێش

πάνω από

سەرئ

πάνω

لەسەر

κάτω

ژێر

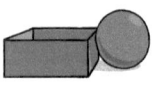

δίπλα

لە تەنیشت

ανάμεσα

لەنێوان

μέρος

شوێن، جێ